小日向允
Obinata Makoto

大学の経営管理

原論の試み

論創社

教育は人生という冒険への訓練であり、研究は知的な冒険そのものなのです。
大学は若者と老人とが相携えて参加する冒険の場でなければなりません。

A・N・ホワイトヘッド

（久保田信之訳『ホワイトヘッド教育論』法政大学出版局、一九七二年）

はじめに

大学の現状について社会の多方面から多様な批判や意見が寄せられ、大学の内部からも教育研究と大学経営について、危機感のある提言や改革のための努力が最近伝えられてくるようになった。とりわけ、一八歳人口の進学率が五〇%を超えた二〇〇四（平成一六）年以降のユニバーサル・アクセス、大学大衆化時代に、大学は受け入れた学生を社会の期待する人材に教育しているのか、学生はその期待に応えられる能力を持っているのか、深刻で基本的な疑問が生まれている。加えて一八歳人口減少の歯止めがかからず、確実に大学の存続の危機が目前に迫っているのに、有効な手立てが見つからない。急場しのぎとわかっていても、入学生募集の案内や施設設備の改善等に活路を求めざるを得ない。

大学は国・公・私立あわせて七七七大学、短期大学は三四一大学で、計一一一八大学が、それぞれの独自の困難や課題に直面し、苦闘を余儀なくされているが、模範解答はどこにもないのである。

大学財政は逼迫し、授業料等の学生納付金の増額は困難で、国立大学への経常費補助金は毎年減額され、私立大学への私学助成は頭打ちの現状である。なんとか人件費の抑制によって教育研究費の増額をはかろうとして、労使関係が悪化する。などなど、枚挙に暇のない程に課題が山積しているなかで、大学はどのように存続し発展するのかが問われている現状にある。

この大学の閉塞感と同じく、社会全体を覆う未来への危機感と、現状への不安感があり、どのように活路を見付けていくかが、日本の社会の緊迫した課題である。その時に、小手先のあれやこれやは、事態を混迷させるだけであり、常にいわれるように基本に立ち返って考えようとして、『この大学の経営管理――原論の試み』にまとめたのである。

基本に立ち返るという意味は、社会のなかにある大学の存在とは何かを確認することであり、なぜ大学は存続することが必然として求められるのかという問いである。教育研究活動を活性化して、得られた知見を社会に還元する役割を持つ大学の、創立から現在までの歴史から何を学び取るか、その歴史の当然の帰結としての「いま」を、どのように次に繋げていくか、である。

大学は、国立大学、公立大学、私立大学と設置者が異なっているが、三者に共通する大学の教育研究と、その活動を支える法人活動について記述した。当然三者の違いも明らかにした。さらに、最初に述べた現在の大学の課題と解決の方向を示すように努めた。

本書の成り立ちを説明する。

第Ⅰ章の「大学の存在」では、最初に大学の法的基盤が憲法を基に、教育法制度によって保証されていることを示した。戦前は天皇に教育大権があり、教育勅語を精神的な支柱とする教育制度のなかで、教育に関わる法令は勅令である、「勅令主義」であった。その法制度は、戦後の憲法のもとで、国民主権により教育も国会で審議され、制定される法律による「法令主義」に大転換を遂げたのである。学問の自由と、大学の自治も確固とした基盤によることになった。

第Ⅱ章の「大学の理念と大学の歴史」では、大学存在の理念と、建学の精神を取り上げた。広く大学の存在を明らかにする理念の意味、大学創立の志の表現である建学の精神が日本独自のものかとの問題提起を含めて解説した。また、帝国大学の頂点支配と、存続をかける私立大学の苦闘について述べ、特に私立大学創設の基盤に、徳川時代の民衆の教育活動があったという仮説を書いた。

第Ⅲ章の「経営管理の確立」では、筆者の永年の主張であり、盟友澤田進氏とともに、大学界の理解を求め論議を重ねてきた問題である。従来の「管理運営」から、「経営管理」への転換について述べたが、近年我々の考え方に賛意を表す見解が学会誌に発表されたので、紹介した。

第Ⅳ章の「大学の組織運営」は、国立、公立、私立大学の組織運営――大学ではどのように法人と大学の一体的組織運営がなされているかについて、それぞれの特徴を示して説明した。また大学の執行機関である学長と、意見具申機関である教授会、委員会・会議について解説した。

第Ⅴ章の「一般組織と異なる大学の特性」では、三つの特性を取り上げた。一つは大学教員の持つ専門職的権限である。従来このことを取り上げた日本の研究が少ないなかで書いたので、ご批判を待ちたい。二つは、意思決定と合意形成は大学では困難な課題であり、その解決について述べた。三つは、非営利組織としての大学は、一般企業と異なる特質、たとえば業種転換ができないことなどを説明した。

第Ⅵ章の「事務組織と事務職員」では、戦後の新制大学の極めて単純な事務組織から、大学の規模拡大に合わせて事務組織が発展したが、事務職員の役割が変貌してきた事情を述べ、期待される職員像の構築が急がれる課題であることを述べた。ここでも、従来の事務屋との見方から大変換を遂げなければならないことを力説した。

第Ⅶ章の「経営改革と組織運営の課題」では、現在の大学を取り巻く環境のなかで、国の文教政策の一端に位置する大学への、最近の三度に及ぶ中央教育審議会の答申、日本学術会議の報告を理解し、その示された意図をいかに正確に大学改革、特に教育改革に結びつけるかについて考察した。その教学改革を支え、経営主体と一体になって経営管理をいかに展開するかについて述べた。いわば、この本の中心課題の解明であり、最も力を尽くした章である。

付録として、経営管理の入門の役割を期待して「経営管理入門」を巻末に掲載したので、役立ててもらいたいと願うものである。

書名を、『大学の経営管理――原論の試み』としたのは、大学の経営管理の研究は、まだ緒についたばかりであり、その理論的な発展を期待して、先駆けを自覚して「原論の試み」としたのである。いくつかの新しい考え方を示したので、厳しいご批判をお願いする。

二〇一七年五月

著者識

大学の経営管理——原論の試み　目次

第Ⅳ章 大学の組織運営

第Ⅶ章　経営改革と組織運営の課題

大学の経営管理——原論の試み

第Ⅰ章 大学の存在

1　大学の法的基盤

日本は法治主義の国であり、大学が社会的存在と認められるためには、法体系によって正当性を保障されなければならない。高等教育を包含する教育を律する法律の体系は「教育法制」といわれ、国の最高法規である憲法から教育基本法、学校教育法、私立学校法に加えて、大学に特有な国立大学法人法、地方独立行政法人法、私立学校振興助成法、大学設置基準が制定されている。

(1) 憲法

国の最高法規であり（このことは憲法第九十八条に明記されている）、大学の存在の根源である学問の自由、大学の自治、教育を受ける権利を保障している。また、すべての教育に関する法律は、憲法に定める方式によって国会において制定・改廃される。必要な条項の内容を示す。

第十九条：思想及び良心の自由は、これを侵してはならない。

第二十条3：国及びその機関は、宗教教育その他のいかなる宗教活動もしてはならない。

第二十一条：集会、結社及び言論、出版その他一切の表現の自由は、これを保障する。

第二十三条：学問の自由は、これを保障する。

第二十六条：すべて国民は、法律の定めるところにより、その能力に応じて、ひとしく教育を受ける権利を有する。

2：すべて国民は、法律の定めるところにより、その保護する子女に普通教育を受けさせる義務を負う。義務教育は、これを無償とする。

第八十九条：公金その他の公の財産は、宗教上の組織若しくは団体の使用、便益若しくは維持のため、又は公の支配に属さない慈善、教育若しくは博愛の事業に対し、これを支出し、又はその利用に供してはならない。

※この条項と私学助成が抵触しないかについては、どの程度の監督を受けていれば「公の支配」に属することになるのかという問題である。

- 学校の設置、廃止等は学校教育法の規制を受けていること。
- 学校法人の設立、運営等について、私立学校法の規制を受けていること。
- 助成を受ける学校法人に対しては所轄庁が監督し、予算の変更、役員の解職勧告の権限を有していること（私学振興助成法第十二条）。

などから、公の支配が及んでいるとしている。

この憲法が示している、学問の自由、思想及び良心の自由、表現の自由、教育を受ける権利と教育を受けさせる義務などの基本的な人権、自由権は、大学の存続と発展にとってきわめて重要で必須のものである。憲法第十章第九十七条「この憲法が日本国民に保障する基本的人権は、人類の多年にわたる自由獲得の努力の成果であつて、これらの権利は、過去幾多の試練に堪へ、現在及び将来の国民に対し、侵すことのできない永久の権利として信託されたものである」として、この自由及び権利の保持責任について第十二条に「この憲法が国民に保障する自由及び権利は、国民の不断の努力によつて、これを保持しなければならない。（以下略）」と国民に求めている。大学とその構成員は、大学の自由な発展のために、この要請に真摯に応えなければならない。

（2）教育基本法

憲法と一体的に一九四七（昭和二二）年に制定された教育基本法は、教育法制の基本原理・原則を定めたものであり「準憲法」「教育憲法」といわれてきた。戦後六〇年間、日本の教育を律してきた旧教育基本法の前文の一部を引用する。ちなみに法律に前文があるのは、憲法と教育基本法だけである。

我々は、この理想を実現するため、個人の尊厳を重んじ、真理と正義を希求し、公共の精神を尊び、豊かな人間性と創造性を備えた人間の育成を期するとともに、伝統を継承し、新しい文化の創造を目指す教育を推進する。

ここに、我々は、日本国憲法の精神にのっとり、我が国の未来を切り拓く教育の基本を確立し、その振興を図るため、この法律を制定する。

二〇〇六（平成一八）年に六〇年ぶりに改正された教育基本法は、「公共の精神」「国と国土を愛する態度」などの多くの徳目を「教育の目標」として示し、憲法との関連性を薄めて、イデオロギーが先行しているとの批判が強い。

新たな条文として加わったのは、生涯学習（第三条）、大学（第七条）、私立学校（第八条）、家庭教育（第十条）であり、参考に大学の条文を示す。

第七条　大学は学術の中心として、高い教養と専門的職能を培うとともに、深く真理を探求して新たな知見を創造し、これらの成果を広く社会に提供することにより、社会の発展に寄与するものとする。

2　大学については、自主性、自律性その他の大学における教育及び研究の特性が尊重されなければならない。

（3）学校教育法

学校教育に関する基本的・総合的な法規として、一九四七（昭和二二）年に制定された。憲法と教育基本法の精神、理念を具現化し、学校教育の制度とその内容を示している。

このなかで、日本の学校制度を一貫した理念のもとで整備し、教育の機会を拡充し自主性を尊重し、男女差別等のない、民主的な運営を目指している。学校共通の諸規定は第一章、大学については第九章で規定している。学校教育法に基づき、各大学の学校の組織、教育課程、管理、運営などを定めた規則を、「学則」という。

第一章総則の第一条で学校の種別を示し、第二条で学校の設置者を規定している。

第二条：学校は国、地方公共団体及び学校法人のみが、これを設置することができる。

　2：この法律で、国立学校とは、国の設置する学校を、公立学校とは、地方公共団体の設置する学校を、私立学校とは、学校法人の設置する学校をいう。

学校は国、地方公共団体、学校法人のみが設置することができ、設置された学校は、国立学校、公立学校、私立学校としている。

第三条：学校の種類に応じ、文部科学大臣の定める設備、編成その他に関する設置基準に従い、これを設置しなければならない。

として、大学については「大学設置基準」が制定されている。

第五条：学校の設置者は、その設置する学校を管理し、法令に特別の定めのある場合を除いては、その学校の経費を負担する。

と「設置者管理主義」を規定し、設置される学校との関係を明示している。

大学を規定する第八十三条を示しておく。

第八十三条：大学は、学術の中心として、広く知識を授けるとともに、深く専門の学芸を教授研究し、知的、道徳的及び応用能力を展開させることを目的とする。

2：大学は、その目的を実現するための教育研究を行い、その成果を広く社会に提供することにより、社会の発展に寄与するものとする。

（4）私立学校法

私立学校法は、一九四九（昭和二四）年に、すでに述べた教育法制の国・公・私立の学校に共通する規律に加えて、私立学校の自主的な運営を保障するために制定された。

その限りにおいて、私立学校法は学校教育法の特別法ということができる。

この私立学校法において、国が国立学校を、地方自治体が公立学校を設置することと同様に、学校法人が設置主体として私立学校を設置することとした。設置管理者として国、地方公共団体と並んで、学校法人が法的に定められた。

この学校法人制度の創設について、俵正市氏は『解説私立学校法』（法友社、一九八二年）で次のように述べている。「戦前の私立学校は、一般的には、民法旧規定による財団法人によって設置されていた。しかし、財団法人の組織は、必ずしも学校の設置・管理に適切ではないので、私学法では、『学校法人』という特別法人の制度を創設して、これに私立学校を設置・管理させることとした[*1]」（九頁）

この法律の目的として、第一条で「この法律は、私立学校の特性にかんがみ、その自主性を重んじ、公共性を高めることによつて、私立学校の健全な発達を図ることを目的とする」とした。

＊1　私立学校法第三条。この法律において「学校法人」とは、私立学校の設置を目的として、この法律の定めるところにより設立された法人をいう。

ここで「自主性を重んじ」る意味は、国や地方自治体を含む外部からの干渉や圧力を拒んで、私立学校の私的自治を尊重することである。また自主性の尊重は、他の私立学校と異なる独自性や特色を鮮明にするための必須の条件である。

この自主性は、私立学校が他からの干渉を受けずに、学校の設立の理念に基づいて教育の目標を定め、大学にあっては教育研究の自由を保障するものである。このためには、学校法人のあり方、学校法人と設置される私立学校との関係、さらに自主的に設定される経営の方針、教学の方針を統合する経営管理と経営計画などの全ての営為が自主的に決定されたものであることが要件である。

前掲の『解説私立学校法』は、「私学法一条でいう『公共性』とは、私立学校が、系統的な学校制度の一環を担い、そこで行われる学校教育が、生徒、学生等の多数の利益に重要な意義をもっていることをいう。（中略）私立学校が公の性質を有するということは、私立学校設置者が公益性をもった法人であり、私立学校で行われる学校教育が公共性をもっていることを意味するにほかならない。換言すれば、私立学校設置者である学校法人が非営利法人であり、私立学校が、系統的な学校制度の一環をになっていることを意味するものである」（二二五〜二二六頁）と述べる。

私立学校法に基づき、各学校法人の設置の目的、学校法人の組織——理事会・監事・評議員会等——及び運営の根本規則として「寄附行為」を定めている。

2　教育法制の転換——勅令主義から法令主義へ

一九四五（昭和二〇）年の第二次世界大戦終了、日本の敗戦の結果、教育法制は大転換を余儀なくされた。すでに述べてきた現在の教育法制と、明治憲法のもとでの法制の違いについて、歴史をさかのぼって理解することは、現行の法制のより根源的な理解に寄与すると考えられる。

大きな流れとして、明治初期から一八八五（明治一八）年までの間は、外国の教育制度を参考にして教育法制・法令を制定した。一八七一（明治四）年に文部省を設置し、翌年「学制」を公布して、わが国の学校制度の原型を発足させた。しかし、日本の実態にそぐわず、七年後に「学制」を廃止し「教育令」、さらに翌年「改正教育令」を制定して対応する、朝令暮改の試行錯誤の困難を経験した。

一八八六（明治一九）年に内閣制度が発足した翌年に、初代文部大臣に森有礼が就任して学校制度の整備を行い、「教育令」の包括的な立法を改めて「帝国大学令」「師範学校令」「小学校令」「中学校令」の学校種別の独自の法令を制定し、教育に国の統制が強められた。この時期に近代学校制度の骨格が整備された。

制定された帝国大学令の第一条は「帝国大学ハ国家ノ須要ニ応スル学術技芸ヲ教授シ及其蘊奥ヲ攷究スルヲ以テ目的トス」と定め、当時の唯一校の帝国大学が、国家の必要とする官僚や高級技術者、テクノクラートなどの専門家を育成する機関であった。

一八八九（明治二二）年に明治憲法（大日本帝国憲法）が公布、翌年施行されて、同年帝国議会が開設された。国民の参政権、三権分立による立憲制が確立した。

憲法には教育に関する条文はなく、天皇の大権に属するものとされた。明治憲法の第九条に「天皇ハ法律ヲ執行スル為ニ又ハ公共ノ安寧秩序ヲ保持シ及臣民ノ幸福ヲ増進スル為ニ必要ナル命令ヲ発シ又ハ発セシム但シ命令ヲ以テ法律ヲ変更スルコトヲ得ス」として「天皇が、法律も命令も、相並んで国法を制定するの形式として、これを発せらるるのである」（上杉慎吉『現代法学全集　第二巻』大日本憲法講義（二）日本評論社、一九二八年、五二頁）とし、ここでいう命令は行政命令であり、天皇の自ら発する命令は勅令であり、天皇の命を奉じて行政各部の官庁の発するものとある（前掲書、五三頁）。一八九〇（明治二三）年に教育勅語が渙発され、教育に関する事項は法律ではなく勅令によって規定され、その教育思想の基盤は教育勅語に求められるようになった。教育行政の「勅令主義」が導入されたのである。現行憲法のもとでの教育法制についてはすでに述べたが、国権の最高機関である国会によって制定された教育法制は「法令主義」といわれている。この勅令主義から法令主義への転換は、日本社会の発展を象徴するものである。

その後の経緯は省略するが、高等教育機関は帝国大学が独占していた時期から、多様な専門学校が国立、公立、私立の形態で出現していた。実際上の大学教育を行う私立学校は、専門学校令により大学の名称を認められたが、このような混乱を整理するため一九一八（大正七）年に大学令が勅令第三百八十八号として制定された。

その第一条は「大学ハ国家ニ須要ナル学術ノ理論及応用ヲ教授シ並其蘊奥ヲ攷究スルヲ以目的トシ兼テ人格ノ陶冶及国家思想ノ涵養ニ留意スヘキモノトス」とあり、国家の存在を全面に、国家の須要に応じ、国家思想の涵養と人格の陶冶を求めている。この国家主義的な教育が明治憲法のもとで一貫して追求されていたのである。

3　学問の自由と大学の自治

大学は、真理探求の場であり、教育研究による真理の追求（研究）、その結果を発表し教授する自由（教育）、教育研究活動の成果を社会に還元（社会貢献）するという三つの役割がある。

教育研究の自由を大学において組織的に保障する「大学の自治」を守るために、戦前・戦後を通じて大変な苦闘の歴史があったことは周知されており、この問題をまとめた労作が、伊ヶ崎暁生氏の著書『学問の自由と大学の自治』（三省堂、二〇〇一年）である。「大学の自治とは、大学が政治上・行政上その他の権力または勢力の干渉を排して、大学構成員の意志に基づいて教育と研究の自由を行使することである。それは真理の探求を使命とする大学を大学たらしめ、学問の自由が機関としてととのった形態であり、学問の自由を保障するための制度的慣行といえよう」（九頁）

二〇〇九年に著された猪木武徳氏の『大学の反省』（NTT出版、二〇〇九年）は、大学論の領域を超えて現在の教育について鋭い指摘に富み、同書で示された課題は改革・改善されずにむしろ矛盾が拡大し深化していると思われる。引用された一九世紀のJ・H・ニューマン『大学の理念』には、「（大学とは）全ての知識と科学、知識と原理、研究と発見、実験と思索といったものを高度に保護する能力であり、知識の領域を定め、すべての分野において侵害や、屈従が行われないように監視する場所である」（一〇五頁）とあり、大学の根幹を示している。

大学の自治と学問の自由は離れられない関係にあり、猪木氏のいうように「大学が自由でなければ、社会は自由でない」のである。すべての知識は絶対的に誤謬のないものはなく、常に試行錯誤しながら真理に到達しようとする営為を大学と社会が認めることである。

大学の自治を担保する大学の自主性については、私立学校法第一条に「自主性を重んじ」とあり、その持つ意味を考える。大学の自主性は、かつて相良惟一氏が『私学運営論』（教育開発研究所、一九八五年）のなかで述べたように、以下の三つが考えられる。国立や公立の大学に比して、私立大学は自らの責任で大学を経営（運営）することから、「私立大学のあり方に関する自主性（理念）」「私立大学の教育研究――教学に関する自主性（教育研究目標）」「私立大学の経営に関する自主性（法人組織の自律）」の三つである。

従来は国・公立大学は、国や地方公共団体から施設設備などの財政上の支援を受け、人事などの拘束もあり、自主性を発揮できず、教育研究面での自主性の発揮に留まっていたが、大学の法人化に伴い、財政面の制約はあるものの相当の自主性が求められてきたと考えられる。ただし、自主性を持った大学は、他者に責任を転嫁できないため、対応を誤ると自らの決定や行為の責任を自ら負うことになるということを強調しておきたい。これを自己完結責任という。

あらためて三つの自主性を示すことにする。

> 大学のあり方に関する自主性＝大学の理念・目標
> 大学の教育研究（教学）に関する自主性——教育研究目標
> 大学の経営に関する自主性——法人組織の自律

4　法人と大学

（1）国立大学法人

明治時代から国立大学の運営は、国・文部省（文部科学省）によって行われ、ヒト・モノ・カネ・情報の経営資源は、国の集中的な管理下にあった。教員以外の職員は文部官僚が中心になって、いわゆる管理運営を行ってきた。ただし、教育研究分野については、伝統的に大学の自治（学部の自治）を尊重し、大学に委ねられてきた。

二〇〇四（平成一六）年に国の統制から一部脱して独立した法人として、一定の自由裁量権が付与された。これまでは、あらゆることが文部科学省の指揮下にあったので、現状ではまだ組織運営について十分な機能を果たしていないとの指摘がある。

この制度の検討過程で、大学の特性に配慮して、自主性、自立性を担保するために、他の独立行政法人制度と異なる「国立大学法人法」という単独の法律によって、国立大学法人は誕生した。現在八六法人である。

国立大学の組織は、「国立大学法人を代表し、その業務を総理する」(国立大学法人法第十一条)学長が職務を行うことで運営される。学長の選出は、学長選考会議が行い、文部科学大臣が任命する。法人理事長と大学学長の職能を学長一人に集中し、統合をはかっている。経営管理と教育研究(教学)管理の両方を担当しているのである。

法人の経営管理については「経営協議会」で審議される。構成する委員は学外有識者と学内委員で、学外委員は委員総数の二分の一以上と定められ、社会の意見が強く反映する仕組みになっている。教育研究(教学)管理については、「教育研究評議会」で審議され、構成員は学内の各組織代表者、理事などである。大学法人の重要事項については、役員会で審議決定される。構成員は学長、監事二名、理事二〜八名(大学ごとに法定)である。

この国立大学法人の組織がうまく機能していないとの指摘がある。国・公・私立を問わず大学は上意下達では動かず、論理とデータによる説得や、関係者の理解と納得のうえで協力する合意形成が不可欠であるという特性があり、学長の広範な職務と責任が機能不全に陥ることがありうると考えられる。

また、経営協議会も年数回、特に外部委員に十分な判断材料や資料を提供しないで意見を求めるのは無理があるといわれている。

国立大学の法人化のメリットは、大学運営の自主性による自由化、自由裁量権の拡大などであるが、その運営に暗い影を落としているのが運営費交付金の年々の削減である。今後自立した財政基盤をどのように形成するか、重い課題である。

（2）公立大学・公立大学法人

公立大学には、従来の地方自治体が土地、施設、設備を設置して設立する公立大学と、地方公共団体が公立大学法人を設立し、当該法人に土地や施設を寄附し経営する大学がある。後者は公立大学法人、あるいは公設公営大学とも称されている。

従来の公立大学は二〇一五（平成二七）年現在一九大学、公立大学法人は六八法人、七二大学である。

従来からの公立大学は、大学は県や市の一機関として、組織や予算が管理され、地方自治体と一体的な経営が可能であった時期が続いたが、地方自治体の財政難とともに公立大学の存続の危機が生じた。国立大学の法人化と合わせ、公立大学の法人化が進行し大きな流れとなっている。

公立大学法人は、県や市を設立団体とするもの、一般事務組合または広域連合を設立団体とするもの、複数の地方公共団体を設立団体とするものがある。

最近は私立大学が公立大学への移行をはかる動きが出てきており、その背景には一八年問題（後述）に直面して、経営環境の厳しさや定員未充足の現状からの脱却を願う私立大学の要望と、地方の若者を定着させ活性化を期待する地方自治体の願望がある。補助金等により地方に誘致した公設民営大学には、学校法人からの移行が含まれ、私立大学から公立大学への移行を交渉中の大学も数校あると見られている。

公立大学法人は、地方独立行政法人法の第七章「公立学校に関する特例」によって設立・運営が定められている。第六十九条で公立大学法人の設置する大学の教育研究の特性に配慮することを求めている。第七十一条で公立大学法人の理事長は、設置する大学の学長となるとし、学長を別に任命する場合は、学長が副理事長となるとしている。公立大学法人の経営に関する重要事項を審議するために「経営審議機関」を置き、教育研究に関する重要事項の審議機関は「教育研究審議機関」を置くとしている。

（3）私立大学

私立大学は学校法人により設立され、経営管理と教育研究その他の活動を含めて学校法人が権利義務の主体として最終責任を負うことになる。設置主体の学校法人と、設置される大学の組織は二重構造であり、一般的な企業体や国立大学法人・公立大学法人の一元的な組織運営との決定的な相違点である。

学校法人の組織は、私立学校法の定める理事会、監事、評議員会で構成される。理事会は、理事長、理事で構成され、学長は必ず理事の一員となる。理事長は私学法第三十七条一項にある「理事長は、学校法人を代表し、その業務を総理する」ことであり、最終・最高の意思決定者と位置付けられている。

対して、教育研究の主体である大学は、学長の「校務をつかさどり、所属職員を統督する」（学校教育法第九十二条三項）指揮のもとで、大学の役割を果たすことになる。ちなみに「統督」は高い立場から統べるの意味で、小中高の校長が所属員を「監督」するのと対比すると、重みが違うのである。

問題は、こうした法人と大学の二重構造の組織において、意思決定を行うにあたって対立・葛藤（コンフリクト）[*2]が起こりやすい。法人と大学、大学の教授会、専門職権限（後述）を持つ教員・教員集団との諸関係では、上意下達は馴染まず、理解と納得のうえで協調を求めることになる。往々にして企業人が学校法人のトップに就任した場合に意思疎通に齟齬を来すのは、大学の特質、教育研究は何のために行うのかの理解、効率・効果を早急には求められない特質のあること、どのような配慮が必要かなど、十分な理解と納得のないまま企業の感覚で運営しようとする時で、このような場合にコンフリクトが生まれることが多い。この点はさらに後述する。

＊2 コンフリクト（conflict） 対立・葛藤の存在のことである。意思決定を行う際の個人・組織の意見の違いや、代替的手段の選択の可否などを決められないメカニズムの故障として表出する。コンフリクトを避けるためには、十分な情報提供と説明を尽くすこと、私心のないことに理解を求め合意形式をはかることの利点を説くことである。一般に組織においてコンフリクトの存在は不可避であるが、正面から問題に取り組み、その解決をはかることが「組織革新の契機」になるのである。

第II章

大学の理念と大学の歴史

1　大学の理念と建学の精神

大学がその存在を主張するためには、大学の存在を明らかにする理念と、なぜ大学を創ったかの建学の精神を示すことが求められる。どのような志を持って大学を設立したかというミッション（使命）と、その大学の教育研究の独自性を表現するものである。

この独自性は、教育研究方針の発展方向を示し、その実現のための組織運営、経営管理の方針を策定し、大学全体を律する基準・規範になっている。

よく知られる大学の建学の精神として、慶應義塾の「独立自尊」「実学」、早稲田大学の「学問の独立」がある。また明治大学が二〇一七年一月一五日の全国紙に掲載した「人権と平和を探求する明治大学」の広報に、「権利・自由」「独立・自治」の建学の精神を示し、世人の目を驚かせた。

この大学の理念を日常的に教職員や学生、来校者に示す工夫をしている獨協大学の入口には、天野貞祐の「大学は学問を通じての人間形成の場である。」という言葉が刻まれた石碑がある。また、同志社大学では、学内のさまざまな場所に創立者新島襄の言葉「良心之全身ニ充満シタル丈夫ノ起リ来ラン事ヲ。」が掲示されている。

建学の精神には二つの機能・役割がある。一つは、教職員や学生、卒業生の統合の旗印となること。二つは、明治大学の広報の示すように社会的な存在をアピールするという側面である。

それだけに、大学の建学の精神の現代における意味を、時代に適応するように策定するためには、衆知を結集し構成員の共通した問題意識と現状認識・危機意識によって対応することが求められている。時代によって言葉は変わるかもしれないが、脈々と流れる理念や精神を継続させ、発展させる努力を続けなければならないと考える。

学校法人西南学院は、創立一〇〇周年の二〇一六年五月に「建学の精神」である「西南よ、キリストに忠実なれ」と題した三四頁の冊子を刊行した（次頁**図1**参照）。ここでは創立者の志を現在の自らへの問題として深く洞察し、第二次世界大戦中の学院の犯した過ちを率直に反省し、現在の学院のあり方を平和宣言の形で表明している。全構成員に問題を提起して、学習を組織し意思統一されたことは、鋭い問題提起であると考える。

二〇一七年四月『朝日新聞』の「耕論」で、慶應義塾福沢研究センターの准教授、都倉武之氏が建学の精神について述べている。共通の視点なので引用する。「福沢は、私学が

図1　西南学院冊子（2016年5月）

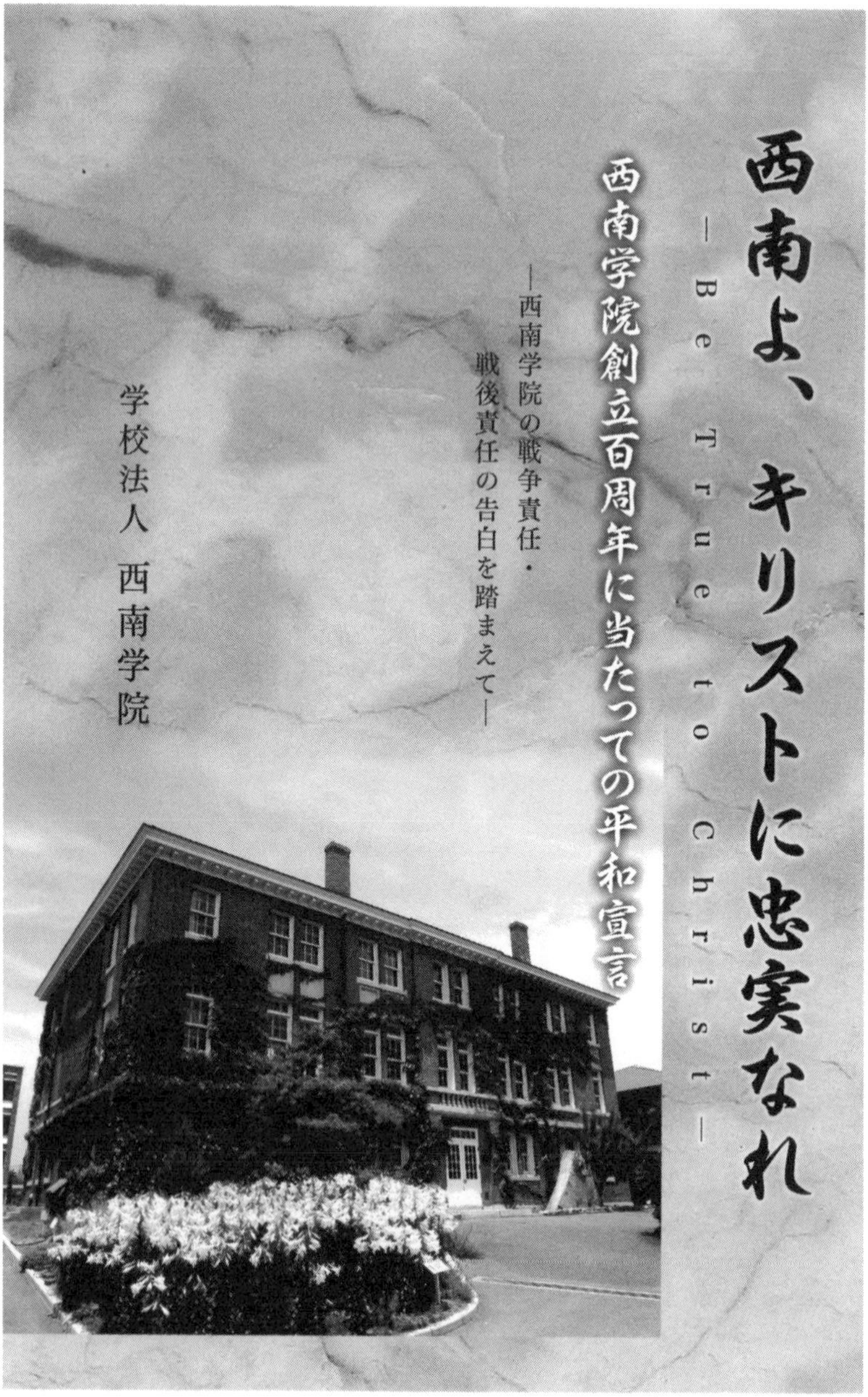

存在することによって議論が生まれ、国の言いなり一〇〇%の教育ではなくなり、官民の権力が平均されていくことを期待しました。学問を広める必要というだけでなく、それを『私立』でやる人がいることに意味があると考えました。そして本当の学問はその立場でこそできると考えたのです。『学問の独立』を唱えた大隈重信の早稲田大学も同じです」

私立大学は設立時に志を同じくする人々が集まって、何のために大学をつくるか、特色・独自性を鮮明にして建学の精神として世に問うたのである。これに対して国立大学は国主導での設立であるから一部の大学を除いて建学の精神は示されていなかった。

国立大学の法人化で中期計画の策定が求められ、その基盤となる大学の理念を明確化することが迫られ、この動きのなかで国立大学は大学の理念・目標を明示している。たとえば、「少年よ大志をいだけ」で有名な北海道大学は、「フロンティア精神」「国際性の涵養」や「実学」の基本理念を定めている。また商法講習所を淵源とする一橋大学は一橋大学研究教育憲章として「(前略)一橋大学は、日本及び世界の自由で平和な政治経済社会の構築に資する知的、文化的資産を創造し、その指導的担い手を育成することを使命とする。(後略)」と定め、「研究教育の基本方針」を制定している。広島大学は建学の理念として「自由で平和な一つの大学」を定め、理念五原則「平和を希求する精神」「新たな知の創造」「豊かな人間性を培う教育」「地域社会、国際社会との共存」「絶えざる自己変革」を制定している。

2 「建学の精神」はわが国に独特なものか

欧米の大学に、わが国のような位置付けの「建学の精神」はあるのかという問題である。筆者は、もとより世界の大学について知識を有していないが、いままでの経験や学習から、各大学が独自性を主張するなんらかの表現を示している例を知らない。あれば是非ご教示いただきたい。「建学の精神」は、わが国の独特なものであるという仮説から考えたい。

世界最古の大学があるボローニャで、一一世紀の頃市民社会が勃興し、商業活動・貿易活動が活発になり、契約や法紛争——裁判に対応するために法律知識が必要になった。知識を求める学生集団が教える先生のもとに集まり、ウニヴェルシタスを発足させたといわれている。もともと学生集団が主導権を持っていたものである。法律は、それを専門とし必要とする学生層の学問となり、学生大学がボローニャ大学の特色となった。

パリ大学の起源は一二世紀前半であり、大学が大聖堂学校の成長であったと云われる強い宗教的な性格を持っていた。当時は同業者組合の性格をもつギルドに教師が所属して、大学団を形成した。この時の教師たちは教育を畢生の仕事とした練達の学者であり、そのもとに集まった学生も厳しい学習に耐えたのである。教師大学と云われる由縁である。

ケンブリッジ大学、オックスフォード大学の創設の事情は複雑で、イギリスとフランスの争いや王権と教会の対立などで、パリ大学から学生がイギリスに召喚されたりした。

二つの大学の組織はパリ大学の模倣といわれ教師組合が学生の教育にあたった。

中世ヨーロッパにおける大学の創設は、設立にあたって国王やローマ法王から「創設や権利・許可・特権を保証する」チャーター（勅許状）を与えられて設立認可（チャータリング）を得るのが通例であった。

詳しくは大学史をひもといていただきたい。なお私立大学連盟の管理職研修運営委員会が編集し、膨大な資料を整理した「大学」に、詳しく述べられている。

目を転じて米国の建国前に創立されたハーバード大学、いわゆる植民地大学の事情を見ることにする。幸いに筆者も関係した日本私立大学連盟の管理職研修において、教育哲学・教育史の研究者、村井実慶應義塾大学名誉教授（元教育哲学会会長、第一五期日本学術会議会員）は講演し次のように述べている。「アメリカのハーバード大学の入口に今も掲げてありますが、『自分たちは神様の恵みで大西洋を渡ってこの地へ来て、やっと畑を耕し、家を建てて、日々の生活を営むことができるようになった。だから、今、私たちの中心にいる牧師さんの後継ぎをたやさないために、ここに学校を造ることにした』という、当時のマサチューセッツの人々の決議文を、たぶん、皆さん、お気付きだと思います。できた当初は、学生は四、五人しかいなかったようです。その時に、たまたま肺病病みの青年が通りかかって、食うや食わずの植民地で、それでも学校を造ろうということに感激して、『私はどうせ命は長くないけれども、私が死んだら、財産の半分と蔵書の全部をここに寄贈させていただきたい』と申し出た、その寄附の第一号がハーバードという青年だったのです。それを記念してハーバードカレッジという名前にしたのです」

さらに詳しくは、中山茂『アメリカ大学の旅——その歴史と現状』（リクルート出版、一九八八年）にあり、そのなかで、一六三三年に清教徒二万名がイギリスの弾圧から逃れ米国に渡った。その内五〇〇〇名がオックスフォードとケンブリッジ大学の卒業生であった。なんとか母国の文化をもってこようとして、学校を造った。ジョン・ハーバードは財産の土地半分と三六〇冊の蔵書を寄附した。そのうえ町の名前もケンブリッジに変えてしまったと記されている（一一頁）。

欧米の大学が示しているのは、大学は国や地域の実情を踏まえたうえでの必要性や、学ぶ、学ばせる意欲のある人々が、困難を乗り越えて創立し発展させてきたということである。それはわが国のように「建学の精神」をもって意思統合をはかることとは異なっているように考えられる。それではなぜ「建学の精神」が必要であったのか、次節で考える。

3　帝国大学と私立大学の発展の歴史

すでに、前章の2「教育法制の転換——勅令主義から法令主義へ」（一一頁〜）でも述べたが、帝国大学令が出される前の一八七七（明治一〇）年に、文部省の布達「文部省所轄東京開成学校、東京医学校ヲ合併シ東京大学ト改称候事」によって、東京大学が創立された。寺崎昌男氏は「東京大学の創立に『理念』はあったか。結論的には、大学独自の理念はありませんでした」（『プロムナード東京大学史』東京大学出版会、一九九二年、二一八頁）と述べている。つまり、なんのために大学がつくられるか触れられていないということとである。当時は高等教育の分野にはすでに慶應義塾、仏学塾、官立の工部大学校、法学校や関西に同志社があり、東京大学は「大した学校ではなかった」(前掲書)のである。

一八八六(明治一九)年に、帝国大学令が出されて、官立の高等教育機関や研究機能が東京大学に集中されて、帝国大学になった。この帝国大学令の第一条はすでに前章で示している(一二頁)が、要は「大学ハ国家ノ須要ニ応スル」ためにあり、大学は国の期待に応えることがその存在理由であるという、国家主義的な大学理念である。そして、研究と教育をあわせて行うことで、当時の国家の要請である高度の専門知識を有する優秀な官僚群と科学技術者・テクノクラートの育成という実用主義がもう一つの理念となった。国家主義と実用主義である。

その後京都に帝国大学がつくられたので、名称は東京帝国大学となり、日本の教育制度の最高峰の学校として、戦前の日本社会に君臨することになった。

欧米留学者とお雇い外国人による急激な教育制度の導入は、そのための紆余曲折をたどり、制度が安定するために長い時間を要した。このような明治政府による上からの教育制度の改革は、それまでの徳川時代の教育――藩校・寺子屋・塾などの武士、商人、職人、農漁民などの教育成果とどのようにつながっているのか、今後の解明を待ちたい。

一六〇〇（慶長五）年に関ケ原の戦いで徳川家康が覇権を確立して江戸時代が始まり、一八六八（明治元）年の明治維新で終焉を迎える二七〇年近い江戸時代の教育について、R・P・ドーア氏の労作『江戸時代の教育』（松居弘道訳、岩波書店、一九七〇年）に詳述されている。

江戸時代が発足した一七世紀初頭は、武士階級を除いて一般的に教育の機会もなく、識字力の低い社会であったが、社会の発展とともに藩校、寺子屋、私塾が増加して、その教育分野は漢学・儒学から国学、医学、蘭学、英学、さらに兵学——科学一般に拡大し深化していった。量的、質的に着実に発展し、明治維新の一八六八（明治元）年の就学率は「つまり何らかの学校教育を一度でも受けた者の各年齢層における比率を計算すると男児四十三％、女児十％となる」（前掲書、三〇〇頁）であり、当時の欧米の教育水準に比して抜きん出ていたのである。来日したフランス人が「日本における初等教育の水準をみて我々は赤面するほかない」（前掲書、二六八頁）と書いている。

このことが、日本の近代化への離陸に不可欠な地盤をつくって、当時の植民地化するアジアのなかで唯一政治的な独立を守り、以後の高度な産業国家の道を保証したのである。

幕府の直轄の昌平坂学問所（昌平黌）が一七九〇（寛政二）年に設立され、藩校も急増し全国で二二三〇校を数え、武士以外の庶民に門戸を開いた例もあった。寺子屋や私塾は、町村郷の小さな集落にもつくられ、明治政府の行った調査で明治元年以前に存在が確認されたのは一万校であった（前掲書、二二三四頁）。寺子屋教師は全国で一万五〇〇〇人（内訳は武士二〇％、平民三四％、僧侶一六％、神官七％、医者八％、その他一％、不明一五％）で、読み・書き・算盤の域を越えたレベルの高い教育が行われていたのである（前掲書、二二三八頁）。

明治新政府に遺産として引き継がれたこの教育基盤は、①教育が広く普及し、組織的な学習を経験し、②親が子に教育を受けさせ、その費用を負担し、③教育を受けさせることで、出自階層から出て社会的な地位向上の可能性につなげ、④高札や示達を読んで新政府の新しい政策を理解することを可能にした。⑤藩という狭く閉鎖された割拠主義から抜け出して、広い視野を持つことができ、日本民族の自覚を持つことができた。

日本は長年にわたり中国文化を学び、さらに国学、蘭学、英学と学習範囲を広げ、異文化を取り入れることに習熟していた。このことが、明治の開国期に欧米に先んじて統一的な学制をつくり、教育制度を確立することができる基盤となった。

国家の威信をかけて、有識層がお雇い外国人の助力を得て設立した帝国大学の知的基盤も、江戸時代に培われた知識の遺産と広い経験があったからこそ可能になったのではないだろうか。加えて人的・物的な財政支援を受けて高等教育機関としてスタートすることができた。わが国の近代化を進めるためには、すでに述べたが官僚やテクノクラート、知識獲得のための研究者の育成が緊急の課題となり、その役割を帝国大学が担ったのである。

官学の進展の一方で、私立の塾や学校は一八七二（明治五）年の学制の執行までに地方官による設立許可制（明治三）、届出制（明治四年）、文部省による許可制（明治五年）と対応が変遷し、江戸時代から続いた漢学、国学、とりわけ洋学の塾や学校が盛んになったが、文部省の統治・監督下にあった。しかしこのような私学の興隆期になっても財政状況は深刻な困難に陥っていた。

一八七九（明治一二）年に、学制を廃止し教育令が制定されて、官治行政主義から自治行政主義に転換されて、全ての種類の私立学校の設置が可能となった。この自治教育令といわれた時期は短く、翌年には官公立学校中心の官僚統制の強い改正教育法が施行されて、私立学校は府知事・県令の認可が求められた。この時期について、丸山高央氏の『大学改革と私立大学』（柏書房、一九九二年）に詳しく述べられているので、長文であるが引用する。

この明治十二年前後における、このような「教育令」への自治主義の影響は、明治五年前後の文明開化や欧化主義に引き続き、民権思想の流行、議会政治体制を確立するための国会開設の要望等わが国近代化の国家的・社会的要請によるもので、ここに私立学校の開設をみるに至った。これによって開設された私立学校は、その後いっそう充実を図り、高等専門教育および女子教育の分野において重要な役割を果したのであるが、とくにその著名なものとしては、前述の慶応義塾・同志社のほか、東京法学社（法政大学）・専修学校（専修大学）・明治法律学校（明治大学）・東京専門学校（早稲田大学）・英吉利法律学校（中央大学）・関西専門学校（関西大学）・日本法律学校（日本大学）等の法律・政治・経済を主とした専門学校を初めとし、語学関係では暁星学校・独逸協会学校・正則英語学校、医学関係では済生学舎（日本医科大学）、仏教・文学・哲学関係では天台宗大学・大教校（龍谷大学）・曹洞宗大学林（駒沢大学）・真宗大学寮（大谷大学）・東奥義塾・藤雲館・哲学館（東洋大学）・皇典講究所（国学院大学）、その他キリスト教系のミッションスクールとしては明治学院（明治学院大学）・フェリス学院（フェリス女子大学）・神戸女学院（神戸女学院大学）・立教学院（立教大学）・青山学院（青山学院大学）等があった。（一八頁）

その後一八八六（明治一九）年に学校令、一九〇三（明治三六）年に専門学校令が出された。専門学校令は私立の専門学校・実業専門学校に法律上の地位を保証し、予科を設けることを条件に「大学」の名称を使用することを認めたのである。さらに一九一一（明治四四）年には、私立学校令を改正して「私人ニシテ中学校又ハ専門学校ヲ設立セムトスルトキハソノ学校ヲ維持スルニ足ルヘキ収入ヲ生スル資産及ヒ設備又ハ之ニ要スル資金ヲ具ヘ民法ニヨリ財団法人ヲ設立スヘシ」とする規定を設け、私学の財政基盤を確立するために、財団法人組織に変更を要請された。

明治が終わって大正時代の一九一八（大正七）年に、臨時教育会議の答申を受け高等学校令、大学令と関連規定を勅令で制定・公布した。私立の高等学校が認められ、前述の大学を呼称していた私立専門学校が帝国大学と同じく名実ともに大学となった。このことについて、前掲の丸山高央氏の著書から再度引用する。

この「高等学校令」に基づき、大学予科の性格を廃し七年制の高等普通教育を行なう私立高等学校として認可されたものに、武蔵高校（大正十年・現武蔵大学）・甲南高校（大正十二年・現甲南大学）・成蹊高校（大正十四年・現成蹊大学）・成城高校（大正十五年・

現成城大学）の四校があり、また「大学令」によって大正九年に第一に認可を得たものに慶応義塾大学・早稲田大学・明治大学・法政大学・中央大学・日本大学・国学院大学・同志社大学があり、次いで大正十年には東京慈恵会医科大学が、大正十一年には龍谷大学・大谷大学・専修大学・立教大学・立命館大学・関西大学・東洋協会大学（後の拓殖大学）が、同十三年には立正大学、同十四年には東京農業大学が、同十五年には日本医科大学・高野山大学・大正大学がそれぞれ設立認可され、その後さらに多くの私立専門学校が大学に昇格し、その形態・内容を整備充実して発展の一路を辿りつつ第二次世界大戦期に入った。（一一六頁）

この大学令で私立大学は、財団法人の供託金の問題に直面した。供託金の基準額は、単科大学は五〇万円、一学科を加えるごとに一〇万円を加算するというもので、当時の私学にとっては到底準備できない巨額な金額であり、その財政状況からは準備できない実情にあった。私立大学はこの条件緩和を目指し協力して政府に働きかけ、ようやく供託基金の六カ年分割供託が認められた。

きわめて貧弱な私立大学の財政基盤に対して、国立大学は国の手厚い保護のもとで安定

表１　国立大学と私立大学の資産

大学名	創立	資産総額（単位：百万円）
東京大学	1877（明治10）年	1,396,174
京都大学	1897（明治30）年	498,955
慶應義塾大学	1858（安政５）年	400,869
早稲田大学	1882（明治15）年	361,646
同志社大学	1875（明治８）年	248,563

『週刊東洋経済』大学四季報「本当に強い大学2017」2017年５月をもとに作成

した運営を続けることができた。当時の財政状況は比較する資料がないが、現在の国立大学と私立大学の資産を比較した表によって、その格差を見ることができる。

すでに述べたように、国立大学は国の全面的な財政支援によって経営資源を充実することができたのに対して、私立大学は創立から営々とした努力を重ねて現在にいたっているのである。

前述した巨額の供託基金は、私立学校が力をつけ、とくに法学系の私大は官学に対応し無視できない存在に成長して、政府も監督・統制を強める必要からのいわばアメとムチの政策であった。

このような幾多の苦難を乗り越えて、私立大学がその存在を日本社会のなかに広く示し認知されるようになったのである。当時の創立者たちが厳しい時代に高い理想を掲げて、「建学の精神」のもとで協力し結集して、今日を切り開いてきたことを私たちは忘れてはならない。

二〇一七年二月に鹿島茂氏によって『神田神保町書肆街考——世界遺産的〝本の街〟の誕生から現在まで』（筑摩書房、二〇一七年）が上梓されたが、「Ⅲ・七　神田の私立大学」の項に、明治初期の私立学校の建学の事情や、学生（書生）の暮らし、間借りの教室と仕事と掛け持ちの講師陣などが生き生きと書かれており、当時の創立者の苦労がよくわかる。興味のある方には一読をすすめたい。

第III章

経営管理の確立

1　大学を取り巻く環境

いま大学を取り巻く環境は激変しつつある。戦後新制大学が発足し、一九五五（昭和三〇）年代の物価上昇、給与改定に伴う学費値上げや定員水増しによる教育条件悪化に対する不満から、一九六五（昭和四〇）年代に学園紛争が起こった。大学財政は悪化し大学の存続すら危うい状況になったが、当時の大学執行部、教職員などの苦難に満ちた努力によって危機を乗り越えることができた。私学に対する経常費補助が一九七〇（昭和四五）年に開始されたのもその努力の反映である。その後、高度成長期一八歳人口の激増期には、高等教育への社会的な要請による進学率の上昇に合わせ、国の政策をバックに大学新設・学部学科の増設や臨時定員増などの適応策が取られてきた。端的にいえば、その当時の大学に生じた困難な課題は、大きな潮流の中で解決することができた。たとえば私立大学の財政難は、拡大路線による学生数増加と学費の上昇によって解消できたし、学生の増加等による教育の質の低下は、高度成長期の企業による学生の大量採用によって矛盾が表面化しなかった。企業は企業内教育（ＯＪＴ）などによって採用者の弱点をカバーする余力があった。

しかしながら、当然に高等教育と学生の質の改善に関する社会からの期待は大きく、国もまた中央教育審議会（中教審）答申などで高等教育の進むべき方向への指針を示して時代の要請に応じようとした。学士課程、大学院教育の質の充実をはじめ、大学の社会的貢献や情報化・国際化への対応など要請は多方面にわたっている。大学は現状に安住することなく不断の改革を求められている。

2　最初の問題提起

大学の内部から大学の運営問題の提起をしたのは、一九七〇（昭和四五）年に日本私立大学連盟が刊行した『私立大学の管理運営——大学事務の基本問題』（改訂版、大学管理運営研究会編、一九七八年）である。連盟加盟大学の職員五十数名が討議・検討し編集した当時としては画期的な資料であった。それまでは、まとまった大学運営を解説した資料がなく、学校法人と大学の関係や、理事長と学長の役割の相違点、教授会の位置付けなどについて、各大学の経験や考え方のみで、統一した理解はなかったということができる。その意味で、職員も大学の存在の理論的な根拠を学ぶ貴重な資料であった。この本のタイトルにあるように、大学運営は「管理運営」と呼ばれていた。

その後、日本私立大学連盟の組織した職員の分野別研修と、管理職研修が一九八〇年代後半に展開されて、職員の能力と資質向上がはかられた。筆者もその管理職研修運営委員会に参画して、問題意識を共有した。この研修は第一次・第二次合わせて六年実施され、研修のためのテキストとして『私立大学の経営』（日本私立大学連盟管理職研修会編）を一九八五（昭和六〇）年に刊行し、その後六回の改訂を重ねた。その際題名の「経営」という用語について、連盟の上層部で議論になったが、最終的に出版を許可された。「管理運営」から「経営管理」への、転換期の象徴的な出来事であった。

『私立大学の経営』の内容は、私立大学の法的な基盤を解明し、その構造を法人と大学、構成員の機能と分けて分析し、財政の現状を理解させたうえで、人事管理・財務管理・情報管理の各管理について説明してある。このように全般的な私立大学の経営管理を遂行するための、管理機関と管理者の役割を明確化して、管理者の条件と資質を示した。第四編・一二章に分かれたこのテキストによって、初めて私立大学の経営管理の全般的な解明がなされ、その後の理論的な発展の基礎となった。同時に実践上の指針とすることができたものと考えている。

3 「管理運営」の時代

日本の大学のうち、国立大学・公立大学は国または地方自治体が主体的な運営にあたってきた。私立大学は設置主体である学校法人が経営を担い、三者とも設立の目的である大学における教育研究の進展に努めてきた。長い間大学の経営管理は、一般企業とは異なり「管理運営」の用語によって説明されており、また同様に「行政管理」の用語も使われているが、現実の大学全体の経営活動をカバーするには適切ではない。特に非営利組織である大学の経営を考える理論的な支えとなる学問分野は経営学であり、近年非営利組織研究の発展は著しいものがあるので、その成果を生かすためにも「管理運営」からの意識的な離脱を急がなければならない。大学における経営を担う「経営管理」が定着してきたのは、この二〇年余りである。したがって大学の経営についての研究や理論構築はようやく緒についた現状にある。この理由について最初に考えてみよう。

①大学は「なりゆき管理」で維持できていた。エリート層養成の「エリート型」時代、進学率上昇に応える「マス型」教育時代には、激しい進学競争があり、受験料・入学金・授業料等の学生生徒等納付金などの収入により財政は安定し、財政基盤が強かった時代には大学の経営への関心は弱くならざるを得なかった。

とりわけ国立・公立の大学は、国または地方自治体からの運営資金が提供されていて、その資金を適正に「管理」し大学を「運営」する「管理運営」で良しとされていた。

そのことを端的に示しているのは、その経理が単式簿記（いわゆる大福帳）で十分であったことからも明らかである。

②私立大学では、設置主体の学校法人と設置される大学が協調しつつ発展をはかる機能は、大学の自然的な成長期には学費収入を基盤とした財政の安定により、格別に経営上の問題は生じなかった。加えて学校法人・大学ともに経営を担ってきたのは、いわゆるレーマン支配[*3]といわれるように素人であり、大学運営に一定の見識を持ち経験を

蓄積している適確な経営者は少なかった。しかも、その選出も選挙によることが多く、適切な人材を選出するシステムが育っていなかった。この点が厳しい競争のなかで企業の存続をかける企業経営者との大きな相違点となっている。とりわけ選出母体となることの多い教員集団は、大学の経営からの観点よりも大学内部の諸関係を考慮し「専門職的権限」（第Ⅴ章1に詳述）を発揮することや、自らの利益や特権の擁護の判断が優先してしまう弊害が指摘されてきた。法人理事のうち、企業社会出身の理事は大学の特性を理解できず、企業論理で判断しがちで大学選出理事との軋轢を生むことがあった。

③大学内部に目を転ずると、実際の経営実務を担当する職員とその組織は未成熟であった。また人材を育てるシステムも不十分で、加えて教員との身分格差とでもいうべき

＊3　レーマン（layman）／レーマン支配　layは、聖職者に対する平信徒・俗人の意味（フランス語laic-laique）で、専門家ではなく素人が支配していることを示す。別名で「lay-person」ともいう。

関係のなかで、経験を蓄積して職員組織として自立することができなかった。

国立大学では、文部省・文部科学省が役職者の人事権をもっており、「管理運営」にあたっていたが、一般職員は与えられた仕事を果たすだけの存在で、自立していなかったと見られている。

④以上のような指摘の根本にあるのは、大学の存在は一般社会とは隔絶し、象牙の塔と言われるような高いステータスを持っていると信じられてきたからである。
営利を追求しない非営利団体として、「経営」は卑俗なことと見なされ、大学構成員の大部分にとって関心外であった。加えて「大学の自治」、「学問の自由」の美名のもとに、封鎖社会のなかで安住する組織風土を形成してきた。

4　大学の経営管理への転換

いま大学は「管理運営」から脱却し、自立するための「経営管理」を追求することが求められている。社会と大学を取り巻く環境の変化があり、高等教育界も個別大学もその変化に対応、あるいは適応するために必死の努力を続けている。

①環境の変化

二〇〇四（平成一六）年に高等教育・大学、短大への進学率は五〇％を超えて、ユニバーサル・アクセス時代に入った。中央教育審議会や産業界など社会から大学へ期待、批判が多く寄せられ、その多様な期待に応える改善・改革が求められている。

一方、大学を取り巻く環境は厳しさを増している。少子化傾向は止まらず、一八歳人口は一九九二（平成四）年の二〇五万人から、二〇一七年には一二〇万人に激減している。

大学は、現在国・公・私立大学七七七校（一九九二年七〇九校）、短大三四一校（同五〇八校）であり、入学定員未充足の私立大学は四割半に達し、在籍学生数の減少による経営悪化は深刻化してきた。

大学は、社会のなかで従来のような孤高の存在であることが許されなくなり、大学の大衆化に象徴されるように、意欲があれば誰でもが大学で学べるようになった。大学自体も特別の存在ではなく、社会の一構成要素に過ぎなくなった。

現在の「知識基盤社会」[*4]の時代に、知識は大学の占有物ではなく、あらゆる分野に社会の基盤として存在することが必要になっている。グローバル化も、一国の大学から世界に存在感を示すことのできる大学への発展が期待されているのである。

大学を構成する法人の役員、教職員もまた、社会に認められた組織の一員として、同じ社会の規範のなかにあるので、特別の処遇を期待することが許されなくなってきている。

②経営管理へ

構造不況業種とまでいわれる大学で、どのように大学の目標や建学の精神に基づき大学の自治を守り自立していくかが問われている。大学の持つ経営資源であるヒト・モノ・カネと情報に加え、大学の伝統、卒業生や地域とのつながり、社会との連携などあらゆる有形・無形の資源を活用し、トータルパワー全開で大学危機に対応しなければならない。そのとき現実を直視し、従来からの甘えを捨てて大学の変革に取り組むことが求められる。

現在は、国立大学は法人化され、公立大学も法人化が進み、学校法人と同じく経営体として自立が求められている。大学の維持発展について文字通り「自己責任」が問われており、誰にも責任を転嫁することができない。構成員は現在の関係者（ステークホルダー）[*5]だけではなく、営々と大学を支え発展させてきた人々をはじめ、地域、社会に大きな責任を負うことになっている。

＊4　知識基盤社会（knowledge-based society）　中央教育審議会　平成一七（二〇〇五）年答申「我が国の高等教育の将来像」のはじめに［基本的な考え方］として提示された。二一世紀は「知識基盤社会」であり、「一般的に、知識が社会・経済の発展を駆動する基本的な要素となる社会を指す」（文部科学省「用語解説」）。

＊5　ステークホルダー（stakeholder）　企業や組織の活動に関わる全ての利害関係者のこと。この人たちに明確な経営内容の説明を行い責任を果たすことが求められている。大学では国や地方自治体や企業・団体をはじめとして、法人役員・教職員・学生等の構成員、学生の父母・保護者、さらに助力の主体である卒業生や広範な周辺住民の関係者がいる。最近では企業の社会的責任（ＣＳＲ：Corporate Social Responsibility）が問われており、大学も同様に社会的な責任（ＵＳＲ：Unversity Social Responsibility）を負う存在である。

そのような重い責任を果たすためには、従来の〝昨日のように今日があり、今日のように明日がある〟という静態的な「管理運営」では到底対応できないので、大学を動態的活動体として、どのように存続・発展をはかっていくかが日々問われているし、課題は山積している。その解決のために、大学を「生きた経営体」と捉え、経営管理を行うことが要請されることになる。

大学の置かれた現状を冷静に分析し、その維持発展のための課題を見つけ出すことは、私たちが常に行わなければならないことである。この営為をH・フェイヨルは「経営することは予測である」と述べたが、経営体の維持発展のための施策――中・長期計画や将来構想等――の決定と、その政策決定が現状と矛盾なく環境の変化に適合しており、将来を含めて経営資源の裏付けがあることを見極めたうえで、トップが戦略的な決定を行うことになる。「経営」とはこのような政策決定・戦略的決定を中核とする機能を意味している。「管理」は、経営体で決められた決定を具体化するための指揮・監督的な機能として理解される。もちろん「経営管理」は、営利を目的とする企業体と非営利団体である学校や病院等の経営体に共通の機能として用いられている。

大学は、利益を追求しない非営利団体であるが故に、経営管理に馴染まないとする考え方があった。しかし、大学の維持発展においては経済性を無視することは許されず、常に収入と支出の均衡をはじめ、社会との適応をはかり、内部では組織目的と構成員の意欲のバランスが求められているのである。大学の目的が確実かつ効率的に達成できるようにすることが、大学の経営管理である。

さらに、大学の教育研究を発展させるための大学の活動と、教育研究活動を支持・支援する法人の活動は、一体の経営活動として捉えることが重要である。大学の自治の独自性は、教育研究の自主的・自立的な営為を保証することであり、当然自らの力によって経営が行われなければならないことを示している。教育研究の自主性・自立性は、大学の存在にとって中心命題であり、それを確保・発揮させる活動を担保して、何者にも拘束支配されない経営を確立することが求められている。このことを、教育研究の発展のための経営であると、目的と手段というように単純化して理解すべきではない。最広義で大学の経営とは、大学が存続し維持され発展する全作用と考えるならば、また大学の自治は教育研究における自主性と経営における自立がなければ担保されないと考えるならば、全ての法人と大学の活動は一体のものであり、不可分である。経営と教育研究を一体のものとして捉える「経営管理」の概念を理解することである。

大学は学問共同体であるといわれてきた。大学に関わる全ての人々を結びつけるのは何か。かつて天野貞祐は「大学は学問を通じての人間形成の場である」と述べたが、まさに学問を契機とし、大学の理念、建学の精神を共有する場が大学であることを示している。そのためにも、大学の経営の充実発展に不断の努力が求められているのである。

5　最近の論考

この大学と法人の関係は、相即不離の一体のものであるということができる（ちなみに相即不離と不即不離の違いは、広辞苑によれば相即不離は「二つのものが一体になって切り離すことができないさま」に対して、不即不離は「二つのものが、つきも離れもしない関係を保つこと」と記載されている）。これは、国立大学の法人化によって、共通の問題、すなわち経営活動と教育研究活動の統一的な推進の課題となり、長く大学組織の研究を国立大学の研究者の立場から進めてきた山本清氏の論考「ガバナンスの観点からみた大学組織の変遷」（日本高等教育学会編『高等教育研究』第十八集、二〇一五年所収）の「四　『教学管理』と

『経営管理』」の項で説明されている。引用して理解を進めたい。

大学組織の運営において「経営」あるいは「ガバナンス」を説く見解でも、わが国では組織運営は「教学管理」と「経営管理」に二分されるとするものが支配的である。法制度が「教学」面は学校教育法で、「経営」面は国・公・私の設置形態に応じて国立大学法人法・地方独立行政法人法（法人化していない公立大学は教育公務員特例法（昭和二四年法律第一号））・私立学校法で規定されているからとする。しかし、大学の本務は教育・研究・社会貢献活動であり、その成果を高めるため「教学」と「経営」に区分することは果たして妥当であろうか、飲食業を営む場合に、店の料理のメニューや食材・サービスの質、店舗の雰囲気、あるいは価格設定を本部の人事・労務・広報等と区分して意思決定することはできないし、するべきでない。（自動車会社の例省略）

わが国では一九九八年の大学審議会で経営と教育研究の機能分担と連携協力が述べられ、また、二〇〇四年の国立大学法人化でも「経営」と「教学」に機能が分離された。さらに二〇一四年の中央教育審議会大学分科会でも「経営組織」と「教学組織」の関係整理が謳われているのは、大学組織全体の観点からは理解しづらい。おそらく組織論と機能論が混在し「教学組織」と「経営組織」の区分に機能が引っ張られた結果と思われる。長く水平的機能分離プラス連携が議論されてきたのは、国立大学については二〇〇四年の法人化までは「教学」と「管理」が教学組織と事務組織が制度的にも二分され、特に財務・会計は学長でなく事務局長が国立大学特別会計の歳入・歳出の責任者（支出官など）であったことが大きい。私立大学についても、規模拡大で順調な収入があり、教育研究活動を賄う財源が確保されていれば「教学」と「経営」は分離が円滑であったと思われる。「教学」が「経営」の影響を受ける、あるいは「経営」が「教学」に依存するのは学生納付金収入と「教学」の活動内容が相互作用を強めた二〇〇〇年以降のことである。

しかしながら、大学の管理、経営、ガバナンスのいずれの視点にとっても組織運営で「教学」と「経営」を区分して位置づけるのは適切でない。全体管理には「教学」事項と「経営」事項（資源に関する事項）を同時に扱う必要があり、それが大学管理、大学経営、大学ガバナンスである。（三八〜三九頁）

長い引用になったが、国立大学においても経営と教育研究活動を一体のものとして捉える考え方を理解する気運が芽生えたものと考えられる。残念ながら、文部科学省の公式の文書用語は「管理運営」であり、実態との乖離が存在している。

この章の最後に、「管理運営」と「経営管理」の相違点を整理して理解を深めたい。

明確な説明が『経営行動科学辞典』(創成社、一九八七年〔初版〕)で示されており、「経営とは諸要素(ヒト、モノ、カネ、情報)を結合し、これを生産力化するという具体的活動の組織体である」という説明から、すべての組織にこの経営という概念が該当しているということである。さらに「かって経営は管理と区別して考えられていた」ので「経営は組織全体の運営に関わる領域であり、管理は執行的機能の管理に関わる領域である。その具体的活動のフレームワークは、経営については、目的、理念、支配、政策、戦略があり、管理については、組織、計画、調整、動機づけ、統制がある」(一三九頁)と説明している。しかし経営と管理は截然と分けられないので、一体化して「経営管理」(マネジメント)という概念でまとめてある。

管理は経営の下部概念で、具体的な部門別の人事、財務、情報、施設等の業務を行うための、人事管理、財務管理、情報管理、施設管理等に分かれている。大学経営の理念や将来計画、経営戦略のもとで経営資源を計り、諸力を結集し組織化するなかで、職能の分化による部門管理と一体化して、組織活動を行うのである。

第IV章

大学の組織運営

1 国立大学法人

明治維新以来の近代化を教育研究面で支え、人材を社会に提供してきた大学は、当初は東京帝国大学を頂点とする国立大学と、遅れて私塾や専門学校から発展した私立大学である。国立大学の運営は、国・文部省（文部科学省）によって行われ、ヒト・モノ・カネ・情報の経営資源は国の集中的な管理のもとにあった。職員（事務職員）は、文部官僚が事務局長・部課長として配置されて管理運営にあたってきた。大学の教育研究分野は大学の自治（学部の自治）のもとで、大学に委ねられてきた。

二〇〇四（平成一六）年に、国の統制から脱して、一定の自由裁量権を付与し、国立大学を法人化（独立行政法人化）して、教職員は非公務員とした。この検討過程で、大学の特性に配慮して自主性・自立性を担保するために、他の独立行政法人制度と異なる「国立大学法人法」という単独の法律によって国立大学法人になった。

法人の代表は学長であり、その選出は学長選考会議が行い、それに基づき文部科学大臣が任命する。法人理事長と大学学長の職能を一人に集中し、統合をはかる（学長選考会議

図2　国立大学法人の組織

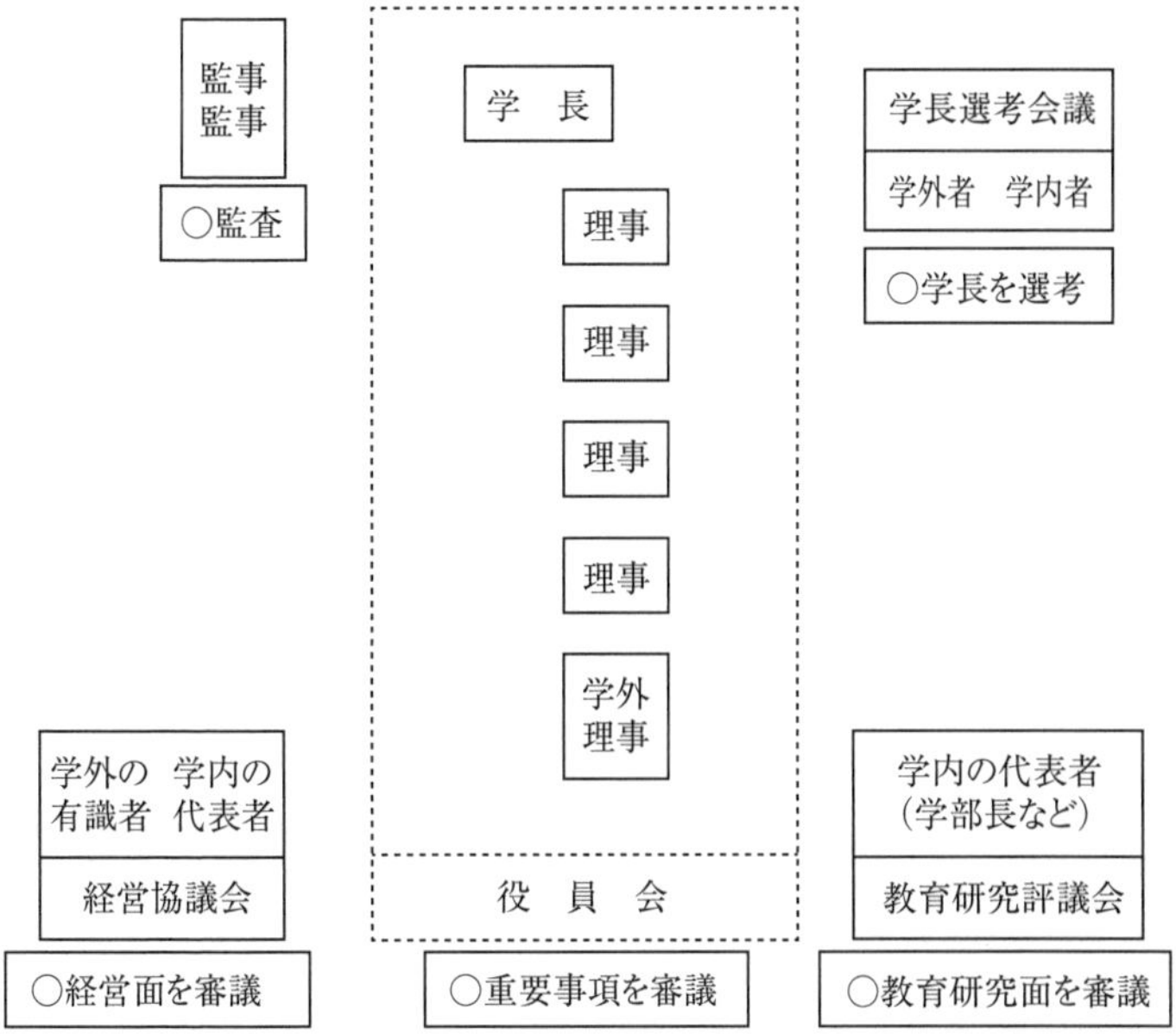

──原則として経営協議会の学外委員の代表者と教育研究評議会の代表者で構成〈各同数〉)。

経営管理組織の特徴は、**図2**に示すように中心に役員会が置かれ、学長を長とした組織が重要事項を審議決定する。役員は学長及び監事二人、理事二～八人（大学ごとに法定）で組織される。審議及び議決機関は法律で規定され、審議事項・議決事項も法定である。

経営協議会：　法人の経営に関する重要事項を審議、学外有識者と学内の代表者で構成され、学外委員は委員総数の二分の一以上（経営協議会の過半数）と定められ、学外からの意見が反映される仕組みである。学内の委員は学長指名の理事及び職員と、教育研究評議会の意見を聞いて学長が任命する。

教育研究評議会：大学の教育研究に関する重要事項を審議、学内の各組織代表者・理事等で組織する。

学長：重要なポストの学長は、教育研究（大学の目的）の推進と、経営（目的実現のための基盤）の安定・発展の両面に責任を持つ。法人理事長と学長の職能を一人に集中し、統合することになる。

【目標：各大学の理念と目標の明確化】

中期目標と中期計画を策定することが義務づけられ、この目標をどう設定するかの意思決定を迫られ、各大学は大学の理念や目標を設定することになった。各大学の設立の理念は旧制の国立大学に若干あったが、はじめて国立大学で明確化することになった。

付言すれば私立大学は設立時に「建学の精神」として理念を社会に示し、その独自性を明らかにしてきた。

［東京大学］法人役員――総長、理事・副学長五名、学外理事二名、監事二名の計一〇名

経営評議会――学内一一名、学外一三名の計二四名

教育研究評議会――四九名

［中規模国立大学］法人役員――学長、学内理事三名、学外理事二名、監事二名の計八名

経営協議会――学内五名、学外六名の計一一名

教育研究評議会――二三名

2　公立大学

公立大学には、地方自治体が施設設備を設置し、経営を行う従来からある公立大学と、地方自治体が公立大学法人を設立し、当該法人に土地や施設を寄付し、財政援助を与えて経営管理を行う二つの形態がある。後者は、制度上は公立大学法人といわれ、あるいは公設公営大学と称されることもある。

①従来からの公立大学

大学の経営は地方公共団体の組織の一機関として、組織や予算が管理されているので、財政は地方交付税で措置され、地方公共団体と一体的な安定した経営ができる。教職員は公務員である。

②公立大学法人

地方公共団体の判断により、議会の議決を経て、国が許可して設立される。法人制度については、単独法ではなく地方独立行政法人の特例法の位置付けである。

役員は、理事長、副理事長、理事、監事であり、法人の代表は理事長である。理事長は学長を原則とし、学長選考機関の選考に基づき設立団体の長が任命する。理事長が学長となるが、別とした場合は学長が副理事長となる。その場合は学長は定款の定めにより理事長が任命する。

運営組織は法律で規定されており、具体的な審議事項を定めている。

・経営審議機関――法人の経営に関する重要事項を審議する。理事長、副理事長、その他の者により組織される。

・教育研究評議機関――大学の教育研究の重要事項を審議する。学長、学部長、その他の者により組織される。

3 学校法人と大学（私立大学）

私立大学は、志を同じくする人や集団が建学の精神・教育理念・独自のミッションによって学校法人を設立し、その資産と人的組織によってつくられる。設置するのは学校法人で、設置されるのは大学という関係である。その根本規則は学校法人の「寄附行為」である。

経営の主体は学校法人が担い、権利義務の主体として責任を負っている。理事会と監事、諮問または議決機関の評議員会が置かれる。

二〇〇五（平成一七）年に、私立学校法の改正で理事長の権限と責任の明確化がはかられ、最終で最高の意思決定の権限と責任を理事長が負うものとなった。しかし、学校法人と大学の関係のなかで、理事長は大学の意向を尊重して権限行使に一定の制約を受けざる

図3　学校法人と大学の組織の二重構造

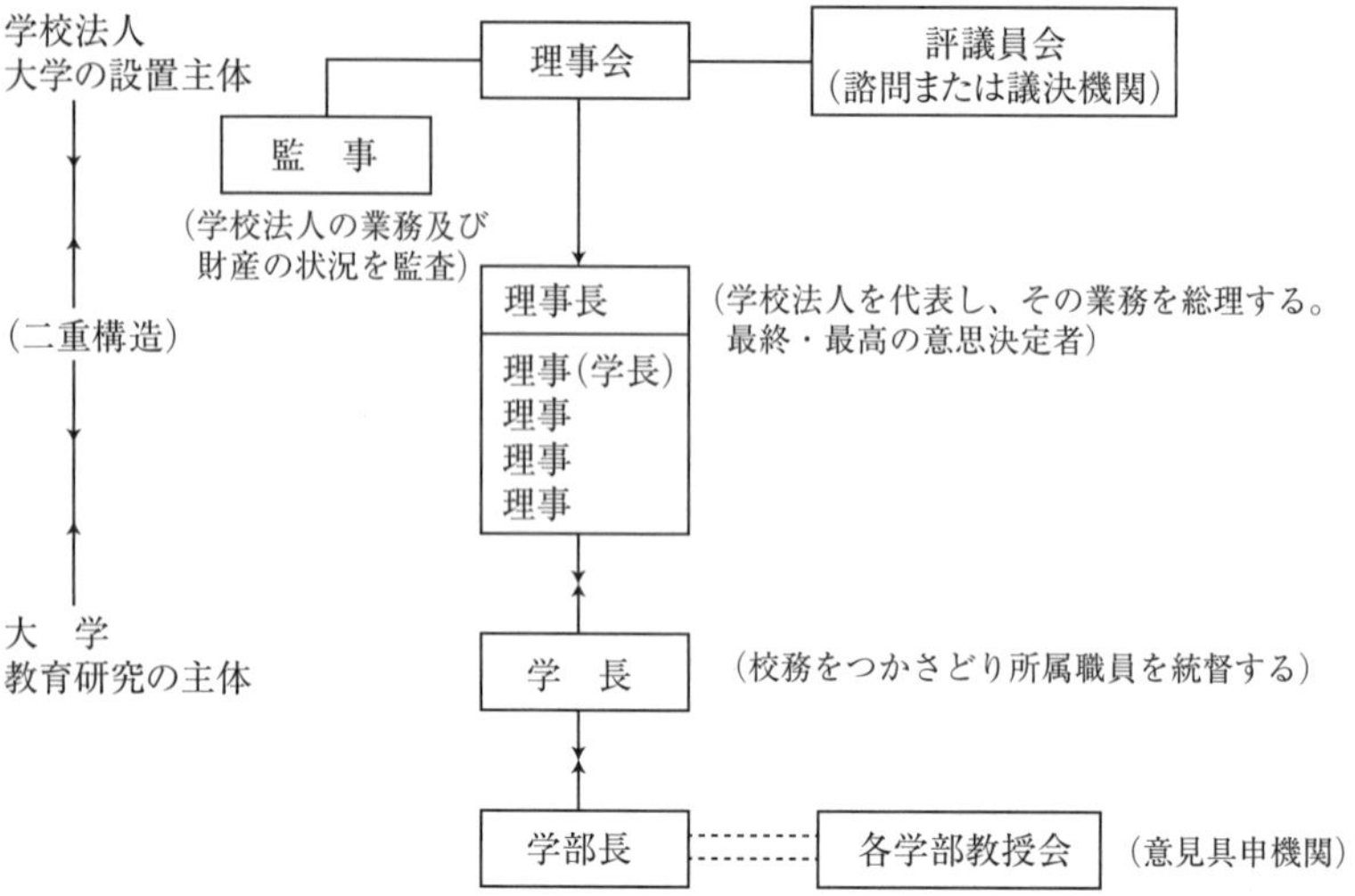

筆者作成

を得ない場合があることに留意する必要がある。

大学の目的は、教育研究の推進であり、その機関として学長と教授会が置かれている。この学校法人と大学の二重構造の関係と、置かれる機関を**図3**に示す。

すでに筆者は『私立大学のクライシス・マネジメント』（論創社、二〇〇三年）において、私立大学の経営組織に言及しているので参考にされたい。

〔理事会〕　理事長は、学校法人を代表し、その業務を総理する。理事は理事会の法人運営の議決に参加し、学校法人の業務について寄附行為の定めのない時は、理事の過半数によって決するのである。学校法人の最高の議決機関であり、その執行を行う執行機関である。

［監事］監事は、監査機関として、学校法人の財産の状況や理事の業務執行の状況について監査する役割を負っている。

［評議員会］評議員会は、学校法人の重要業務の諮問または議決機関である。広く社会の意見を法人経営に反映させるために、卒業生や学外有識者の参加を求め、公共性を担保している。

評議員数は、理事数の二倍以上と定められ、十分な審議（議決）機能を保証している。

評議員会は、大部分の私学では、重要事項の諮問機関の位置付けであるが、少数の主に大学令による戦前からの大学——主に総合大学・医学系——は議決機関としている。これは、戦前の私学が財団法人と一体であり、卒業生を含む人的結合の社団的性格を色濃く持っていたからであると考えられている。この場合は理事会は執行機関になる。

なお法人理事会の経営管理の機能として、次の四点が挙げられる。

◎最高意思決定機能——重要な計画、経営政策についての学校法人の最高意思決定。

◎組成・処分機能——大学を設置、改編し、組織機能を定め、学校法人の合併、解散をすることの機能。

◎最高人事決定機能――管理者層の重要人事の決定。

◎総合組織管理機能――組織管理上の権限委譲、責任体制と管理・監督、統制機能。

4　大学の運営

平成二七（二〇一五）年四月一日施行の学校教育法と国立大学法人法の改定で、「学長のリーダーシップのもとで、戦略的に大学を運営できるガバナンス体制の構築が不可欠であり、学長を補佐する体制の強化、大学運営における権限と責任の一致、学長選考の透明化等の改革を行っていくことが重要」（提案理由説明――文部科学大臣）として、副学長・教授会・国立大学法人の学長選考について、一部の条文が変更された。

（1）学長

学長は、学校教育法第九十二条三項の「学長は校務を掌り、所属職員を統督する」の規定から校務の掌理権、職員の統督権による学内の最高の管理機関として位置付けられている。ここで、職員（教職員）の統督権について検討することは、学長の職務の性格を明らかにすることになる。校長の職務権限として「所属職員を監督する」に対し、学長は「統督」の語が用いられている。『法令用語辞典』（林修三他編、学陽書房）によると、「統督——この用語の字義は、すべおさめ、かつ、監督するということである。この用語は、部下の職員の服務に関する指導監督について用いられる。通常の場合、行政機関等の長と部下の職員の服務との関係は、『指揮監督』『指導監督』又は『監督』の語で表すのであるが、それが、包括的に高い大きな立場でなされる場合、たとえば、大臣又はこれに準ずる機関の長と部下の職員との関係に係わる場合には、この『統督』という語が用いられている」。要は、学長が上から指揮監督や指示を示すのではなく、大学運営のトップの責任者として、教職員の十分な理解・支持を受けて、その権限を行使するのである。

大学の構成員は、一般企業に比して高学歴の持ち主が多数で、とりわけ教員は専門家としての高い評価を得ている。職員には、専門職として仕事をして欲しいという期待がある。このような組織においては、各個人を生かす経営管理が求められており、太田肇氏が指摘する自発性の発揮を保証する仕組みが必要になる。

人間は本来、持って生まれた能力を最大限に発揮することを望んでいる。ただ、職務が細分化され権限や責任が固定的な官僚型組織では、個人の能力を十分に生かすことはできない。したがってまた、自己実現や達成という重要な報酬を得ることもできない。人間がその能力を発揮して成長し、自己実現や達成を遂げていくためには、組織の中で全体に関係のある重要な仕事に従事し、組織の意思決定に参加できることが必要である。
（太田肇『個人尊重の組織論——企業と人との新しい関係』中公新書、一九九六年、一一七頁）

このような職場は、どのようにつくられるのか。学長の教育研究上の最終の意思決定にあたって、教職員が意見具申を自由にできる組織風土とシステムがあり、意思決定に至る過程で大学の置かれた現状と課題を理解し、何をなすべきかの共通認識のもとで、意思決定に参画し、貢献意欲が発揮できる状況があれば、学長からは指示よりも助言・示唆が有効になると考える。

このような慎重な権限行使が望まれる一方で、学長が十分な説明を行ったうえで、権限行使としての指示命令をすることが必要な場合がある。

学長の行使する校務の掌理権は、大学内に限定すれば、機能は、①教育研究活動の統括者、統理者としてリーダーシップを発揮する仕事、②教育・研究計画を実行するための学内の意思統一をはかり、教授会、委員会等との調整にあたる、③大学の最高管理機関として、最終的な意思決定を行い、その執行者となる、の三点である。

校務の掌理権の規定上定められているのは、①学校の長として法律的効果を伴う職務、たとえば卒業証書の授与、学生の入学、転学、留学、休学、進学の過程の終了及び卒業の決定、学生の懲戒等、②教育上の行為や、事実上の行為で学長の職務とすることが適当と考えられるもの、③教育関係法以外の法令で学長の権限とされるもの、が挙げられる。

学長の意思決定は単独・独立で行われるのではなく、教授会や各レベルの会議（理事会〔私大〕・評議員会・学部長会議・各種委員会等）の審議や調整を経て実行されるのである。

国立大学法人では学長は理事長と学長の職能を持っているが、私立大学では教育研究を行う大学の責任者である。また、私立学校法第三十八条一項の定めにより法人理事となる。

（2）教授会

教授会は、学校教育法第九十三条「大学には重要な事項を審議するため、教授会を置かなければならない」とされてきたが、平成二七年四月から以下のごとく改定された。

第九十三条　大学に、教授会を置く。

② 教授会は、学長が次に掲げる事項について決定を行うに当たり意見を述べるものとする。

一　学生の入学、卒業及び課程の終了

二　学位の授与

三　第二号に掲げるもののほか、教育研究に関する重要な事項で、教授会の意見を聴くことが必要なものとして学長が定めるもの

③ 教授会は、前項に規定するもののほか、学長及び学部長その他の教授会が置かれる組織の長（以下この項において「学長等」という。）がつかさどる教育研究に関する事項について審議し、及び学長等の求めに応じ、意見を述べることができる。

ここでは、教授会は「重要事項の審議権」から学長等の政策の意思決定のための「意見具申」の役割を担うことになるので、今後実施までに具体的に実施上の検討がなされ、細目は省令等で整理されていくと思われる。衆参両議院の付帯決議[*6]がなされており、ことの重要性を示している。

この問題について私見を述べるので、参考にしていただきたい。

＊6　衆参両議院の付帯決議共通三項目

政府及び関係者は本法の施行に当たり、次の事項について格段の配慮をすべきである。

・憲法で保障されている学問の自由や大学の自治の理念を踏まえ、国立大学法人については、学長のリーダーシップにより全学的な取り組みができるよう、学長選考会議、経営協議会、教育研究評議会等をそれぞれ機能させることによって大学の自主的・自立的な運営の確保に努めること。

・私立大学の自主性・自律性・学問分野や経営規模など各大学の実態に即した改革がなされるよう配慮すること。

・学校教育法第九十三条第二項三号の規定により、学長が教授会の意見を聴くことが必要な事項を定める際には、教授会の意見を聴いて参酌するよう努めること。

教授会の審議は、大学教員の専門的な知識と大学の教育方針の進展に対する見識による各自の自主的・自立的な判断に依拠している。教育方針の策定や研究条件の設定などの高度な政策判断を伴う合意形成は、教授会において隔意のない意見交換・討議の結果生まれる。

このような自由の場の設定が教授会の自治を超えて学部の自治へ、さらに大学の自治と学問の自由に至るのであろうと考えている。したがって教授会の審議事項の選択は、重要性や緊急性に配慮した大学執行部の提案をもとに構成員の合意のもとで行われることが望ましい。

確かに教授会の意思決定には時間がかかるし、枝葉の議論も多いが、合意形成のうえで学長の政策決定を受けた実践のための避けては通れないコストと考えるべきであろう。教育研究方針の策定にあたって、教授会の合意形成はその審議過程のなかで多様な意見がたたかわされ、慎重に行われてきた。この過程が教授会構成員の理解となり、スムーズに実行段階に移ることを可能としてきた。よく言われるように「大学の意思決定は時間がかかるが、決まったらあとは早い」というのも、教授会審議の実効性を示している。いたずらにリーダーシップを発揮して執行部が早急な結論を急ぐことは、大学の合意形成にとってむしろ逆効果、マイナスとなって紛糾の原因となる。もちろん大学のそれぞれの特性や組織風土によって異なるが、ワンマン・コントロールの大学の例外を除いて、各構成員が自由に生き生きと各自の所見を披露し合って合意形成に至り、学長等の最終の意思決定に至ることが望ましい。学長や副学長、学部長、研究科長などの大学執行部は教授会などの合意形成のための会議の運営に的確な方針と情報を示して、討議を活性化するためにリーダーシップを発揮すべきである。

方針決定までに時間がかかるという批判は事実で、それを避けるために意思決定の最終期限を示したうえで教授会の審議に委ねるとか、各学部教授会を横断する委員会で協議するとか工夫が必要で、いたずらに「議論のための議論」に時間を空費すべきではなく、教授会構成員は良識を持つべきであると考える。

多様な意見の存在を前提に、学識・見識に基づく価値観の異なる人々の集合体である大学における意思決定は、丁寧な合意形成のための議論のうえで行われることが望ましいし、唯一の方法であろう。

各学部間に意見の不一致があり、大学の意思決定が遅延することが起きるが、そのコンフリクト（対立・葛藤〔第Ⅰ章注**＊2**参照〕）解消のための努力も大学自治のコストである。

（3）委員会・会議

大学の経営管理の多様化・複雑化に対応するため、特定の問題について、その処理や解決のための委員会やプロジェクトをつくり、またコミュニケーションの円滑化と各組織間の連絡調整のための会議体を設置している。

大学では問題・課題ごとに委員会・会議がつくられ、その会議全体の数が多いことも特色といってよい。

第V章

一般組織と異なる大学の特性

社会から大学についてよく「理解できない」と指摘されるのは、大学教員の存在と意思決定の仕組みである。大学教員は小・中・高校の教員とは全く異質の勤務実態であり、もっぱら研究に専念して、その成果を教育と社会に還元する役割を担い、社会的評価の高い職業であるが、大学内の位置付けはよくわかっていない。

また、意思決定の仕組みも、権限が明示される企業組織や官僚組織の一元的な上意下達で行われず、時間をかけて実行に至るのである。

もう一つの論点は、大学が非営利組織であるため、営利組織と異なる価値基準によって経営されていることである。

1　教員の専門（職）的権限

大学のような専門組織は、知識を生み出し、応用し、保存し、あるいは伝達する専門家が圧倒的多数を占めており、日本の大学教員は一八万四〇〇〇人を超えている。彼らは自らの研究の方針を定め日夜研究に没頭し、その成果を教育に生かそうとしている。とりわけどのような学生を社会に送り出すか、カリキュラムなどの設計と実践に責任を負っている。『現代組織論』（渡瀬浩訳、至誠堂、一九六七年）においてアミタイ・エツィオーニが「たとえば教授は、彼が行おうとしている研究内容を決定するとともに、教えようとしていることについてほとんど決定する。また、医者は患者に施す処置をきめる」（一二六頁）と述べているように、教員の学問分野の専門的研究を尊重して、専門（職）的権限を与えているのである。

各自の専門分野について「自らの全存在をかけて」深く研究した結果、社会・学会から一定の評価を得て、専門職として発信・発言する力を与えられる。教員は教授会の一員として、教育研究の意思決定に参画して、大学自治の担い手の役割を果たしている。さらに大学の経営や教学管理の各分野の重要な役割を担い、学長、副学長、学部長、研究科委員長などの大学運営の要となり、法人理事に就任しては、法人経営の重責を果たしている。これらの基盤は教員の専門職としての学識・見識と高度の判断力、実行力の持ち主であることが認められているからに他ならない。

しかし、教員や教員集団の専門性を過度に尊重するが故に、組織内で許されない専横や横車、規律違反が往々に起こることがある。このようなことの起きないような自立的な倫理綱領を持つ大学が増えている。

さて、大学には組織構造の独特の二重性が存在している。一般の組織と共通の普通の管理機構と、専門職である教員・教員集団の持つ専門職的権限による組織構造である。

一般企業体では、経営管理上の権限は主要な目標達成活動のなかで指示・命令・調整等の手段を通して実現される。

大学・病院等の専門職の多い組織の、専門的な権威による支配は、専門職集団の自治と、個人の創造的・自主的な知識・見識に基づいて形成されている。

エツィオーニの指摘のごとく、「私的営利企業においては、管理的権限が主要な目的活動に適合していたが、専門職組織においては、管理者は二次的活動を担当している。すなわち彼らは専門職が行う主要活動に対する手段を管理する。換言すれば、スタッフ―ラインの関係がいやしくもあるかぎり、専門職が主要な権限を、管理者は二次的スタッフ権限をもつべきである。管理者は専門職が企画する種々の活動がもつ経済的・組織的な意義について助言をおこなう。そして最終決定は、機能的にいって、種々の専門職、および委員会や役員会のような専門職の意思決定機関の手でなされる」（前掲書、一二六頁）。

この二重性が大学における意思決定の特性をなしていることを理解しなければならない

（学校法人と大学の二重構造の問題は、別の問題として検討する）。

この指摘のように、大学では教員および教員集団と法人機関や職員組織はラインとスタッフの関係、ライン活動を支援するためのスタッフ活動として捉えられてきた。専門職的権限は不可侵なものとして優先されてきたし、その権威に立ち向かうには相当の覚悟が必要であった。法人や職員組織は、教員、教員組織、具体的には教授会の教育研究上の求めに応える形で経営資源を提供し、無限の教育研究上の要求と限られた資源という解決困難な課題に直面させられてきた。

そこでは法人と大学の組織構造のもとで合意形成をはかる仕組みによって、なんとか折り合いをつけたりプライオリティの判断をしてきた。社会全体の変化のなかで、とりわけ知識の高度化・専門化が進行し、大学教員の教育研究は深化発展が期待されている。これをスタッフとして助力することは、当然に専門知識を必要とするのであって、単なる支援の範疇を大きく超えるものと推測される。

2　意思決定と合意形成

大学の意思決定は、企業社会のトップダウンにみられる意思決定のあり方とは異なっている。これは、大学の自治や学問の自由に基盤を置いて、多様な意見の存在と十分な意見交換を保証している大学の特性であり、一元的な上からの意思決定は容易に行うことができないのである。

最終的な意思決定の権限は、当然に理事長や学長に属しているが、意思決定による指示・命令を受ける大学構成員の教職員が、その決定を受け入れ、実行するかの問題である。ここで、この「権限」を検討することにする。権限には、法的権限説、受容説、職能説の主要な考え方があるが、法的に私有財産制度に基づいて公式に与えられるとする考えや、各自の職能・仕事に伴って与えられるとの権限の考え方は大学には適応しがたい。

権限受容説は、その指示命令が個人に受容されて初めて、その力が効力を持つという考えであり、C・I・バーナードの主張である。権限（指示・命令）を受け入れる条件として、①理解できる、②組織目的と矛盾しないことを信ずる、③個人的な利益に適合することを信ずる、④精神的・肉体的に指示・命令に従うことが可能、の四条件を挙げている。

要は、大学においては十分な状況の説明と、解決可能な方針の提示のうえで、構成員の合意形成がはかられることが求められるということを示している。

大学の教育研究方針は、学長、学部長、研究科長等の提議を受けて、委員会・会議等の検討のうえ教授会で審議され合意される。この間すでに述べたように、教員・教員集団の持つ高い専門性による多様な意見の存在を基盤に、意見交換が行われて一定の結論を得るのである。自主性が根源で、統制や管理に馴染まず、学長等も指導・助言的な機能の発揮にとどまり、「権威による服従」は求められないのである。

この大学の合意形成による教育研究方針の意思決定を受けて、法人の最終の理事会の決定となる。法人の経営管理のための意思決定も、教育研究組織との調整活動によって合意形成がはかられたのち行われる。

このような手続きは、法人と大学、経営と教学、教員組織と管理組織、教員と職員、大学とステークホルダー（第Ⅲ章注＊5参照）等の対立や緊張、コンフリクト（対立・葛藤〔第Ⅰ章注＊2参照〕）を避けて、一体的な運営を進めるための大学の特有の努力である。

3　非営利組織としての大学の特質

（1）非営利組織の価値基準

大学は非営利組織であるために、その活動の成果が数量的な評価に馴染まないことが特色である。一般企業体では、活動の成果として生産高や販売量による利益・利潤を数量的に把握することができ、活動の正否の基準になっていることと対照的である。

大学は、設立の理念や建学の精神を基盤に、その示す使命や目標が実現できたかが価値判断の基準になっており、数量的に示すことができない。したがって、社会的な評価が重要な要素となるが、大学の研究と教育の特性から評価には長期間が必要であり、半期・一年などの短期間の評価ができる企業体とはその性質を異にしている。この特性から、大学では長い間自らを特別の存在として、諸活動を真摯に再点検し、発展・伸張させる面と、改善・廃止する面を適切に分別することが行われなくなっていた。近年の大学を取り巻く厳しい環境のなかから、自己点検・評価、相互評価が行われるようになり、法人役員、教職員の意識改革も進んできている。とりわけ、社会のなかの大学であるという認識が共有されてきたことは大きな前進である。

大学の社会的な評価について、今年五月に「週刊東洋経済」の臨時増刊『大学四季報』で、「本当に強い大学トップ三〇〇」のランキングを掲載した。

その分析の視点に、「教育力」「就職力」「財務力」「国際力」の四つを挙げている。

教育力――教育研究充実度、科学研究費補助金、教員一人あたりの学生数
就職力――就職率、上場企業役員数、主要四〇〇社への就職率
財務力――入試倍率、経常利益率、自己努力収入比率、自己資本比率
国際力――外国人学生比率、海外留学協定校数

このそれぞれの指標について、数値化して比較している。大学の全般的な活動を、四つの分野に限定して数量化し、比較、ランキング化することが適切かどうかについては議論が生じると思われるが、最も関心のある分野での評価であり、大学評価に一石を投じたことは明らかで、いよいよ大学の内容の充実をはかることが喫緊の課題であると考えられる。

しかし、まだ大学に「経営」や「財政収支」の概念を持ち込むべきではない、大学は崇高な理念に基づく教育研究を行う場であるという意識が、国・公立はもとより私立大学にも根強く存在している。一般企業とは違うということである。これに対してP・F・ドラッカーは『マネジメント――課題・責任・実践（上）』（野田一夫・村田恒夫監訳、ダイヤモンド社、一九七四年、六〇頁）において次のように指摘している。

組織体は、ある特定の目的と使命―すなわちある特定の社会的機能―を果たすために存在する。これは、企業の場合、経済的な職能を遂行して業績をあげることを意味する。この第一の課題、すなわち特定の職能の遂行という課題に関しては、企業と他の組織体とでは違うところがある。（中略）その他の組織体の場合にはすべて、病院、教会、大学、軍隊の別を問わず、経済性は制約条件になるにすぎない。だが企業の場合には、経済的な職能の遂行こそが理論的根拠となり、また目的となるのである。

一般企業と大学は、職能の違いはあっても経営体としては同じであることを示している。つまり、大学のような非営利組織にとって、企業におけるように「利益で判定がくだされるような」決定的な評価基準はない。非営利組織では、評価の尺度が一つではなく複数ある。しかし共通に収支のバランスが取れていることが重要であるとしている。

(2) 一般企業と大学の相違点

主な相違点を示すことにする。

①出資と出捐・財政支援

企業に出資する、つまり株式を購入して、配当を得る営利活動を行うのに対して、大学への場合、建学の精神に賛同する志を持つ人が見返りを期待しないで学校法人・私立大学へ出捐（寄附行為）をするという大きな違いがある。国立大学は国の資金、公立大学は地方自治体の資金が投入されて成り立っている。

②業績評価の違い

利益・利潤の評価基準と、社会的な評価の違いで、前項で説明している。

③資本回転による収益増加と年一回の収入

企業は年に何回も資本を回転させて収益増加をはかる。生産し、販売し、収入が得られれば、さらに規模を拡大して経済活動を展開する、つまり資本を回転させる。大学の場合は、基本的に年一回の学費収入であり、予算を立てて丁寧に資金を使用する。予算制度が重要であり、財務活動は各大学で最も重視している分野である。

④組織目標の変更

企業は社会の変化や需要の要請に応えて、業種変換や多角経営を行うが、大学は教育研究事業を変更することが認められない。

⑤交換

企業は製品や商品の等価交換を原則としている。大学は学生の受ける教育の費用を授業料等の学費のみでは賄うことができない。学生の教育は、学費・補助金・寄附とともに、長い歴史のなかで蓄積された資産によって補償されており、学費は経費の一部分を賄っているに過ぎない。

⑥製品

企業は製品・商品・サービスで活動の成果を示すが、大学は「変革された人間」（ドラッカー）を社会に送り出す役割を担っている。教育によって、以前とは違う人間に成長させる役割を果たすことが大学の責務である。

⑦その他

企業とは、組織形態、運営方法や権限行使についても異なる点が多いが、これらについてはすでに述べている。

第VI章
事務組織と事務職員

1　事務組織の原型

大学職員を法令で規定しているのは、学校教育法第九十二条一項「大学には学長、教授、准教授、助教、助手及び事務職員を置かなければならない。（以下略）」であり、二項では「大学には、前項のほか、副学長、学部長、講師、技術職員その他必要な職員を置くことができる」としている。事務組織については、大学設置基準第四十一条で「大学は、その事務を遂行（二〇一七年四月一日、大学設置基準の改正により、「処理する」が「遂行する」と改められた）するため、専任の職員を置く適当な事務組織を設けるものとする」と、第四十二条に厚生補導の組織として「大学は、学生の厚生補導を行うため、専任の職員を置く適当な組織を設けるものとする」と規定する程度である。学校教育法や私立学校法において、職員の職務・資格についての定めはなく、事務組織についての何の規定もなかった。

二〇一六年に、職員の資質と能力の進展をはかるために、SD（Staff Development）の規定が新設された。大学設置基準第四十二条の三「大学は、当該大学の教育研究活動等の適切かつ効果的な運営を図るため、その職員に必要な知識、技能を習得させ、並びにその能力及び資質を向上させるための研修（二十五条の三に規定する研修に該当するものを除く）の機会を設けること、その他必要な取組を行うものとする」

このSDの義務化は、事務職員だけでなく、学長等の大学執行部、教員も含まれるとしている。

さらに、今年大学設置基準を改正している。教員と事務職員等の連携及び協働をはかるため、第二条の三「大学は、当該大学の教育研究活動等の組織的かつ効果的な運営を図るため、当該大学の教員と事務職員等との適切な役割分担の下で、これからの者の間の連携体制を確保し、これらの者の協働によりその職務が行われるように留意するものとする」と規定された。

文部科学省の参考資料で、「各大学の実情に留意しつつ、例えば教員と事務職員等の枠を超えた戦略的な人事配置の実施や、教員と事務職員等の対等な位置付けでの学内委員会の構成を通じて相互の連携協力を促すこと、或いは、教員と事務職員等とを織り交ぜた組織構成によるプロジェクトチーム型での業務執行の導入などの取組が想定されること」と、教職協働の推進を求めている。

図4　早稲田大学本部事務組織（1948年5月）

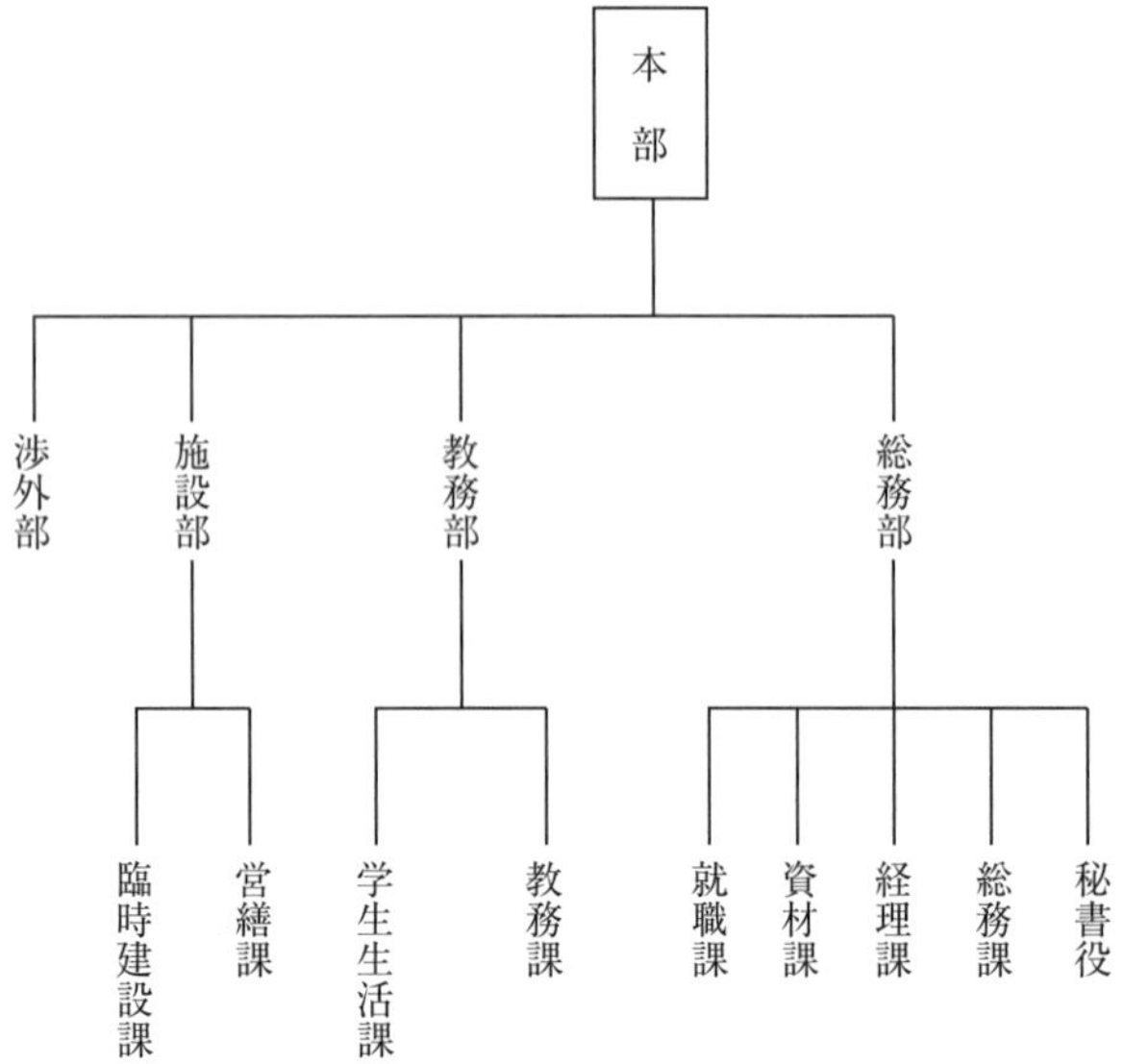

早稲田大学「百年史」第4巻、1948年、p.438をもとに作成

　また、事務職員の職務規定について、従来の「事務を処理する」を、「事務をつかさどる」に改め、「一定の責任をもって自己の担任事項として処理することとし、より主体的・積極的に校務運営に参画するため」の期待を表明している。

　このように、職員の大学における位置付けや期待は法令等に反映するまでになった。隔世の感がある。

　今から五十余年前に筆者が大学職員になった頃は、

事務は「事業経営などに必要な各種の仕事。主として机に向かって書類などを処理する仕事をいう」（『広辞苑（第三版）』）のであり、教員とは身分格差のある単なる「事務屋」であった。大学の事務組織の管理職は一部を除いて教授会により選出された教員が担当していた。当時の大学の重要事項の決定は教員・教授会が行い（頭脳活動）、職員は決定を執行する手足であるとまでいわれた時代であった。現在と隔世の感があるが、国・公立大学にはまだその残滓が残っているといわれている。いわば職員は人格を有する人間として扱われていなかったという実感がある。

事務職員の所属する事務組織は、当初はライン組織にわずかなスタッフ組織が設置される初歩的な組織から出発している。新制大学に移行した当時の旧制大学の組織図を示す早稲田大学の事例があり、これで十分に対応できる程度の事務処理であった（**図4**）。当時の大学は規模の大小を問わずこの程度の組織で対応できていたのである。

このような職員と事務組織の位置付けは、大学の量的な拡大と大学経営の複雑多様な業務内容の変更により、急速な変化を余儀なくされたのである。

2　現代の事務組織

社会の要請に応え、大学の教育研究と社会貢献の多様で複雑化した活動範囲に伴い、組織も拡大し質的な転換を行ってきた。それぞれの組織の担当分野は広がり細分化が進行した。この間、増えたセクションと業務内容をまとめてみることにする。

◎中・長期計画の立案と促進、将来計画――企画室、総合企画部、新事業準備室など
◎国際交流の推進――国際交流センター、留学生支援など
◎情報管理――情報センター
◎自己点検・相互評価――自己点検評価室
◎広報管理――広報室
◎社会連携・産学連携
◎監査業務――監査室

従来からの業務が拡大したもの（経営戦略上の重要性から）
◎入学試験——ＡＯ入試、入試広報など
◎就職指導——キャリアガイダンス、インターンシップなど——キャリアセンター
◎卒業生、学生保護者との連携強化——同窓会、父母会など
◎募金活動の日常的展開——募金室など

この新たな分野では、教職員の能力と資質の向上が必須の条件であり、とりわけ企画能力の育成が急がれている。どの分野でも、組織の要請に応えて現実を直視し、データを正確に分析し、何が課題であるかを発見して、解決や前進のための計画や改善案を作り提案して、課題解決や改善案の実現に努めることが求められている。また、新たな課題に挑戦するための自由な発想を可能にするプロジェクト組織や、課題発見のタスクフォース（動態組織）の活用が行われている。

この時代変化とニーズの多様化に応えて、大学の事務組織は変貌してきたが、特に大学構成員の専門知識と豊富な経験・大学についての見識が問われている。これには、教員の積極的な助力、法人役員や社会経験の豊富な卒業生の助言などを組織活動に組み込んでい

図5　国立大学法人東京大学の組織

- 総長
  - 役員会
  - 経営協議会
  - 教育研究評議会

- 総長室
  - 学術推進支援室
  - 総長室総括委員会

本部事務組織

- 教育研究推進業務
  - 教育・学生支援部
  - 研究推進部
  - 社会連携部
  - 産学連携部
  - 国際部
  - 環境安全衛生部
  - 情報システム部
- 法人業務
  - 総合企画部
  - 人事部
  - 財務部
  - 施設部
  - 資産管理部
- 監査課
- 付属図書館
- 学部
  - 法学部
  - 医学部
  - 工学部
  - 文学部
  - 理学部
  - 農学部
  - 経済学部
  - 教養学部
  - 教育学部
  - 薬学部
- 研究
  - 人文社会系研究科，教育学研究科，法学政治学研究科，経済学研究科 総合文化研究科，理学系研究科，工学系研究科，農学生命科学研究科 医学系研究科，薬学系研究科，数理科学研究科，新領域創成科学研究科 情報理工学系研究科，情報学環・学際情報学府
  - 公共政策学連携研究部・公共政策学教育部
- 附置研究所（省略）
- 全学センター
- 国際高等研究所
- 連携研究機構

図6　学校法人と学校部門の事務組織の拡大と教学機関との関係

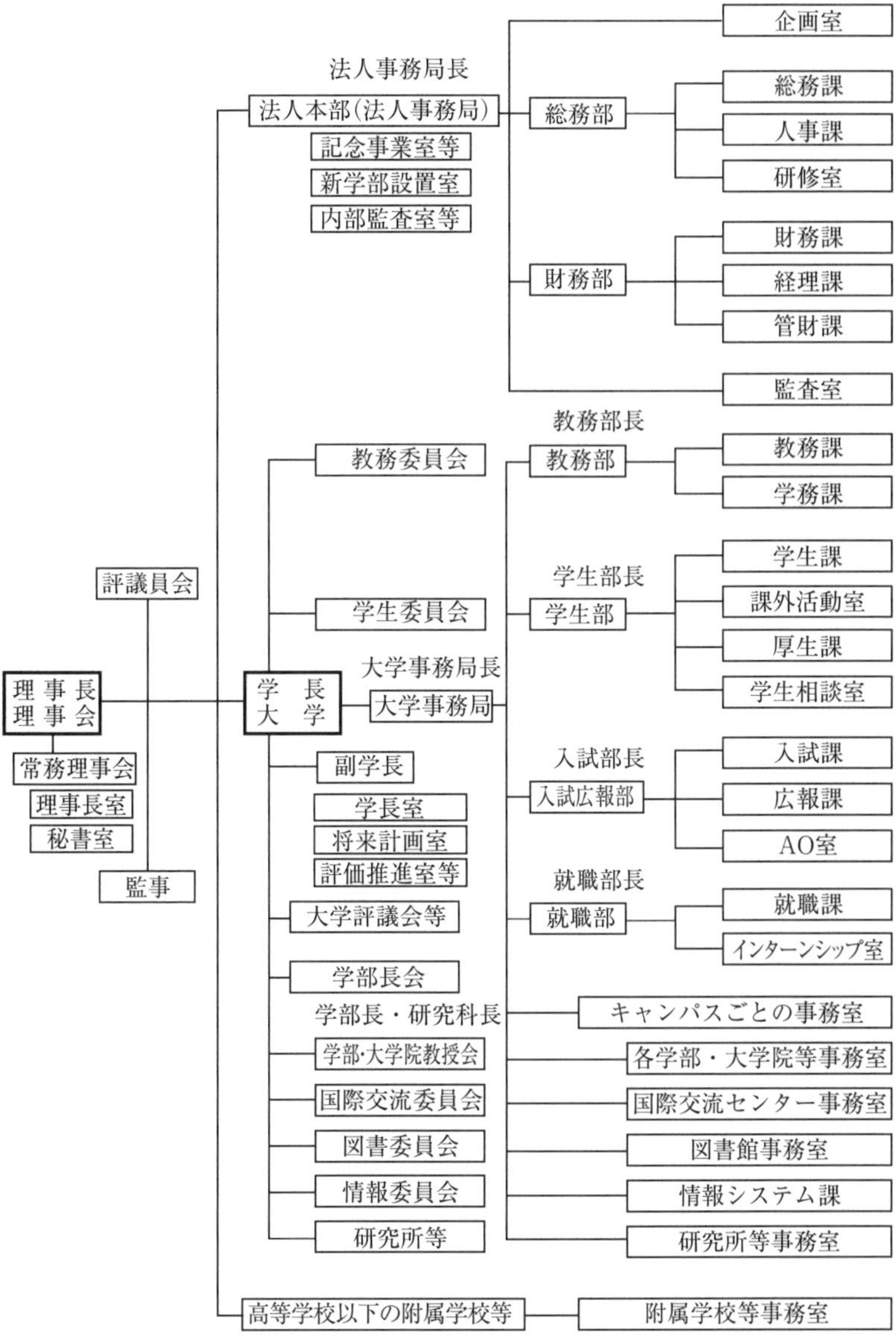

私学高等教育研究所主幹：西井泰彦氏作成の図をもとに作成

くことを、組織的に追求するべきである。もはやタコ壺化した事務組織から出て、組織間の業務と人間の協同を進め、役割の終わった組織は解散し、新たな組織を創出する。まさに「組織は戦略に従う」のである。果敢にスクラップ&ビルドを行って、業務の見直しと組織の改廃、加えて人材の活用によって、組織の活性化をはかっていきたい。

参考に、国立大学法人東京大学の事例と一般的な私立大学の組織図を示す（図5・6）。

3　職員の役割

職員の業務は広範な分野をカバーしており、高度な知識と経験が求められている。この多様で複雑に相互関連する業務を職員の基本的な役割の視点から整理すると三つに分類することができる。

第一は、大学の目的である教育研究の条件整備と円滑な遂行。教員・学生・院生のニーズに応える業務。スタッフ機能とサービス機能。

第二は、大学法人、学校法人と設置する大学の経営管理全般を担う役割。教学・経営管理の職責を担う職務。

第三に、大学を取り巻く環境との接点の業務。官公庁・社会・地域・企業・卒業生・父母との良好な、信頼しあえる関係の構築。

［職員の業務］

•教育研究活動の円滑な遂行のための職務（教育理念・目標の確認）

教育研究条件の整備、授業準備、学術情報の提供（研究支援）、教育計画、教育効果の点検（授業計画）、教員の研究活動調査、学籍管理、学生情報管理、ＦＤ・ＳＤ計画（ＦＤ：Faculty Development〔第Ⅶ章注＊7参照〕・ＳＤ）、国際化・情報化に対する専門業務、ＩＴ化への対応、一貫教育、危機管理、施設・設備の保守・改善、ハラスメント・差別などの防止、教職協働

•多様な学生・院生の受け入れと、ニーズに応える職務

入試全般（一般・ＡＯ入試など）の募集戦略と実施、修学指導、適応相談、相談業務、キャリア指導（就職・進学指導）、図書館利用指導、課外指導、外国人・身障者・社会人

学生・成人学生・科目等履修生への対応、保健指導、（外国語能力のある職員による）留学生の送り出し、受け入れ

・大学法人・学校法人の経営管理を担う業務

総務・庶務・文書管理・情報システム管理、法人業務、自己点検・相互評価、内部監査、危機管理、会議・行事、人事・労務管理、福利厚生。財務管理―会計・経理、資産の適正管理、競争的資金導入、補助金、寄付金募集。施設設備管理―固定資産管理。企画・調査、環境対策、広報、大学史料

・社会・企業・大学との接点の業務

広報活動、ＴＬＯ（Technology Licensing Organization　技術移転機関）、インターンシップ、研究資金の導入、産官学の連携、教職員交流、地域大学連携、コンソーシアム

・大学の社会開放の分野の業務

市民大学講座・公演、図書館開放、聴講制度、市民受講者の組織化

・卒業生、父母との接点の業務
卒業生管理・データ整備、校友会、父母会、後援会などの関係団体

・経営・教学管理などの職責を担う職務（補佐）
職員が理事長、学長などを補佐する常務理事・担当理事、副学長に就く
トップ・マネジメントの補佐役─┬経営管理職能の補佐・助言
　　　　　　　　　　　　　　└企画調整職能の補佐・助言

4　期待される職員像

二〇〇八（平成二〇）年に、中央教育審議会は「学士課程教育の構築に向けて」の答申を行った（巻末「付録」２〔一七二頁～〕参照）。全般にわたる高等教育の改革の方向を示す重要な答申であるが、そのなかの第三章で「学士課程教育の充実を支える学内の教職員

の職能開発」を示し、第二項で職員の職能開発の現状と課題を解明して、その重要性を強調している。ほとんど初めて大学の職員の役割に言及しており、高い目標が示されている。この指摘を受けて、職員の能力と資質の向上をはかるうえで、目指すべき専門職としての職能を考える。

①アカデミック・スタッフ

教育法規・設置基準や中央教育審議会（中教審）の答申等に精通し、教員と教員組織の活動を補佐する。学部・学科のシラバスなどから教員の担当科目・専門分野を知り、教育研究とカリキュラムの意味がわかる職員になる。これは、教員に学ばなければならず、教務委員会・研究委員会、大学院委員会や教授会での議論や雰囲気などを知ることが望ましい。

専門的な資質と能力、たとえばカリキュラムを教員と協議して作成する力量や、新任教員に利用できる図書館の担当科目の専門書籍情報の提供など、高度なレベルの能力が求められる。

②マネジメント・スタッフ

大学の経営資源であるヒト・モノ・カネ・情報の管理は、一般企業と共通性があり、経営理論を学ぶことが求められる。そのなかでも収入と支出の状況を分析し、改善方法を探り出すことが最も重要な課題となっている。

大学の持つ経営資源に加え、同窓会の協力や従来培ってきた周辺の地域や企業、社会の諸力を冷静に分析し、大学の将来展望に至る道筋を見出して将来計画を提案できれば、職員の自立につながり、自らの意識改革と業務の見直しに直結すると考える。そして、答申の示す戦略的な企画能力やマネジメント能力が育成され、当然に発表能力、説得能力が求められることになるであろう。

③スペシャリスト

従来の職員の業務に加えて新しい多様な職務が生まれてきている。就職支援・国際交流・社会連携等と、先に挙げた中央教育審議会答申で「加えて、新たな職員業務として需要が生じてきているものとしては、インストラクショナル・デザイナーといった教育方法の改革の実践を支える人材が挙げられる。また、研究コーディネーター、学生支援ソーシャルワーカー、大学の諸活動に関する調査データを収集・分析し経営を支援する職員も必要になろう。」としている。これらの業務は過去と比較にならない程専門知識が必要であり、職員が特定の分野について専門的に追求し、情報の提供と実務の充実をはかることが求められている。

プロフェッショナルとして、教員や学生に信頼されるに足る専門知識を持ち、常に教員や学生等に最高の知識やサービス・技術を提供できるか。また、プロとしての厳格な倫理観、誠実な人柄の持ち主であることが問われることになる。

経験を蓄積し体系化・理論化して、日々生起する事態に対応できるような能力、教員や学生あるいは理事にも論理的に説明し説得できる能力や資質は、一朝一夕にできるものではなく意識的、計画的に育てていく、あるいは職員個人が学んでいくものであろう。当然に職員の能力評価を厳正に行い、評価による処遇の違いを鮮明に示すことが近い将来行われることになるであろう。

とりわけ、アカデミック・スタッフは従来の職員の範疇を越えて、学問体系や学部・学科の特性、各授業科目の内容や位置付け、教員の研究対象などに加えて、社会の求める人材像の明確化など幅広い知識に裏付けられた見識が求められることになると思われる。

そのような職員、一定数の専門職的な職員集団を持つことができるかが、これからの大学の命運を決することになるだろうと考えている。

近年、筆者は高度医療機関の病院の実態を垣間見る機会があったが、そこでは専門職の医師と協働する看護師や医療技術者などのチームワークで患者に対していることがわかった。上下関係による指示と服従の関係ではなく、それぞれが専門職として自立して共通の目的実現のために働いていることに感銘を受けた。大学も職員が専門的な知識と能力をもって自立して、教員との協働関係を構築することができるかが問われている。

第Ⅶ章 経営改革と組織運営の課題

1　大学の大衆化の実態

大学への進学率は、一九八〇（昭和五五）年に全一八歳人口の一五％を超え、マーチン・トロウの示す「マスの時代」を迎えた。それまで、大学を出れば概ね社会の指導層になるとされる「エリートの時代」であったのが、急激な進学率の上昇が大卒者をマス（大衆）に位置付けたのである。これに反発した学生による大学紛争が起こった。それまでも国は高等教育の計画を策定し、定員の抑制、定員超過の水増し率の改善、大学の新増設の抑制を昭和五〇年代から計画として示してきた。

一九九二（平成四）年に、一八歳人口は二〇五万人となり、大学は臨時定員増と入学水増し率を一・二八倍に許容して急場を凌いだ。計画的な整備の時代は二〇〇〇（平成一二）年に終わり、以後は計画的な整備に代わり「構想」を示すだけになった。この問題の経過を**表2**（一一四頁〜）で示した。二〇〇〇年以後の将来構想の時代は、計画モデルの時代から市場モデルへの転換を意味し、大学が護送船団で守られてきた時代は終焉を迎え、競争の時代に入ったのである。その四年後の二〇〇四（平成一六）年に進学率は一八歳人口の五〇％を超え、「ユニバーサル・アクセス時代」に入った。この特徴を「高等教育の発展」として**表3**（一一六頁〜）でまとめている。大学は希望すれば誰でも学べる大衆化時代になったのである。

今後一八歳人口は減少し、一一〇万人台で推移し、二〇三一年に一〇〇万人を切り、二〇四〇年には八〇万人と推定されている（次頁**図7**参照）。「二〇一八年問題」といわれるように、二〇一八年には一八歳人口が一一〇万人台に移行して、入学者獲得競争にさらに拍車がかかり、大学間・地域間格差の生まれる分岐点と見られている。

大学数は、七七七大学（国立八六、公立九一、私立六〇〇）、短大は三四一短大（公立一七、私立三二四）で、大学数は増加し、短大数は大きく減少している。

さらに、四割半ばの大学では入学定員未充足が進行して財政の不安定要件となっている。

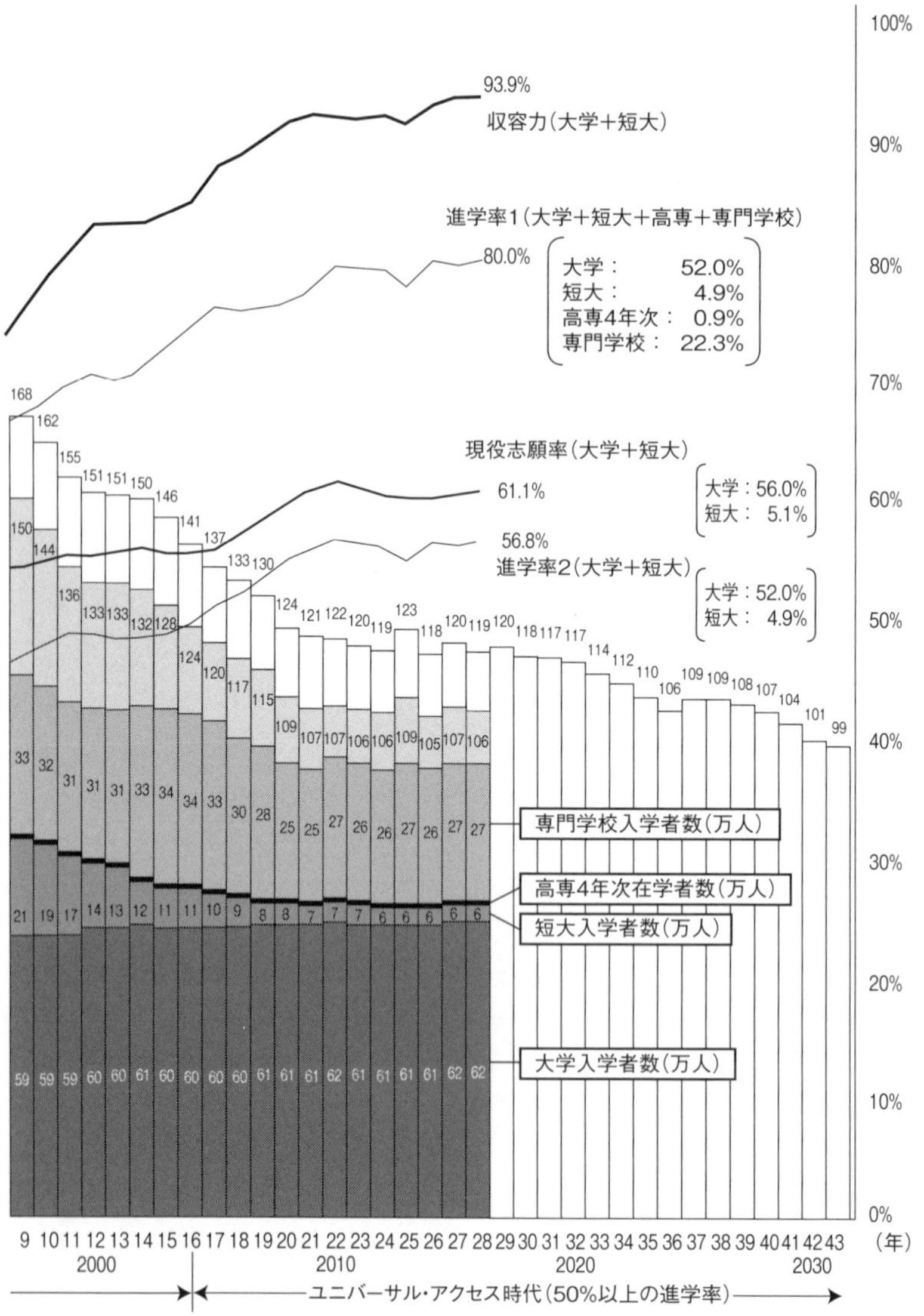

文部科学省「学校基本統計」（平成41年～43年度については国立社会保障・人口問題研究所「日本の将来推計人口」）をもとに作成

図7　18歳人口と高等教育機関への進学率の推移

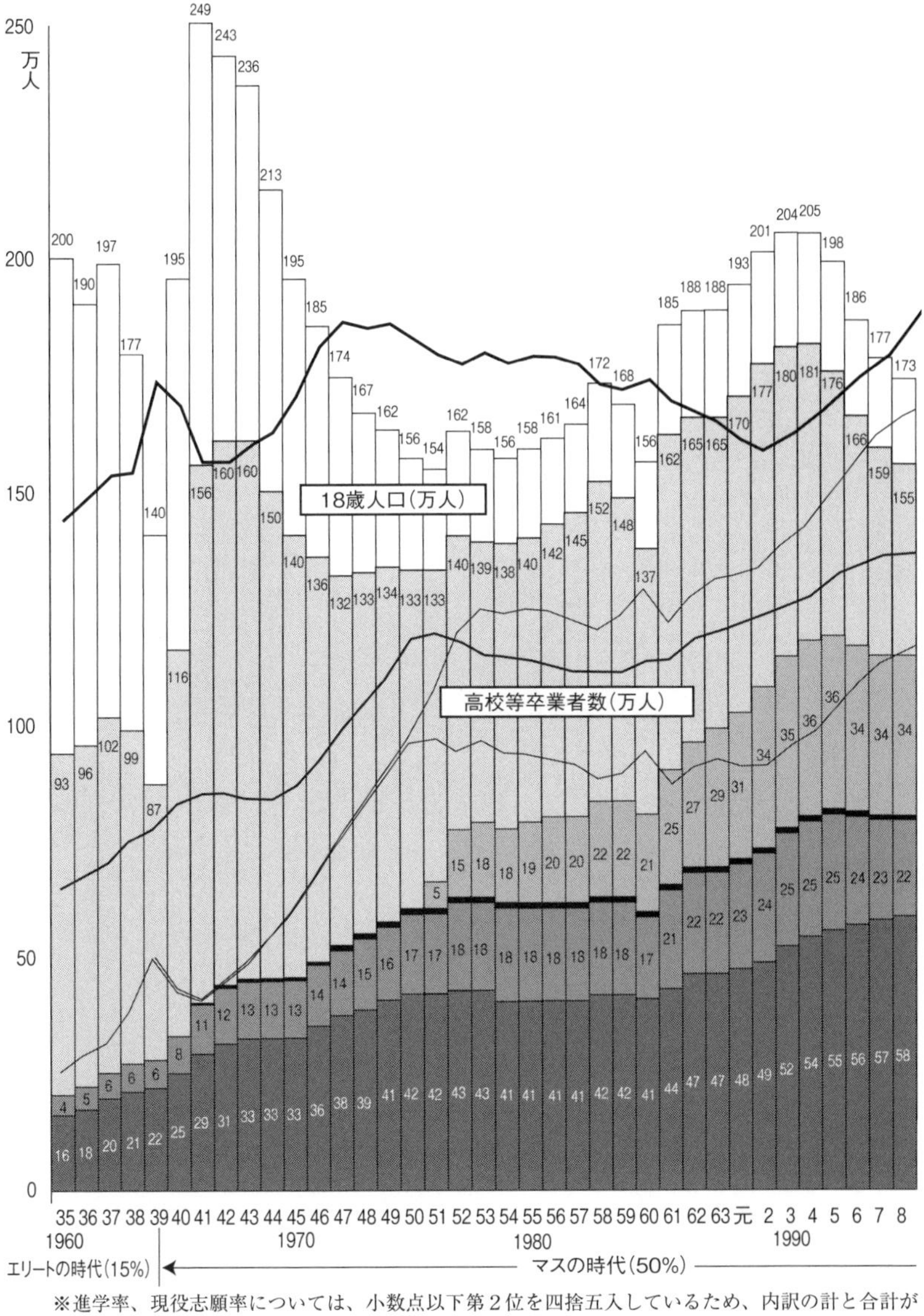

※進学率、現役志願率については、小数点以下第２位を四捨五入しているため、内訳の計と合計が一致しない場合がある。西暦と時代区分は筆者が加筆した。

表2　日本の高等教育の拡大（背景として）

第一期（～一九六〇）戦後の復興期～進学率一〇・三％、大学生六〇万一〇〇〇人（一九六〇）

第二期（一九六〇～一九七五）急激な量的拡大期～マス段階へ。

約三倍の入学者数、進学率三八・四％、学生数一七三万四〇〇〇人（一九七五）

大学数二四五→四二〇、短大数二八〇→五一三

進学競争の激化→高等教育の規模拡大、マンモス校・水増し入学

―大学紛争―

第三期　高等教育計画――全体規模の抑制と「質」の向上

第一次～第二次高等教育計画（一九七六～一九八六）

量的拡大の抑制――文部省の認可権限の強化・経常費補助金の差別化

大都市圏集中排除―地域間の平準化と水増し是正

安定的ないし停滞――進学率三七・六％、大学生数一八四万九〇〇〇人（一九八五）

専修学校の発足

第四期　第三次高等教育計画（一九八六～一九九二）

一八歳人口二〇五万人（一九九二）への対応――臨時的定員増と水増し一・二八倍で対抗

第五期　第四次高等教育計画（一九九三〜二〇〇〇）

一八歳人口の減少・激減への対応

現　在　平成一二年度以降将来構想（二〇〇〇〜）

計画モデルから市場モデルへの転換、護送船団方式との訣別——競争時代

表3　高等教育の発展（マーチン・トロウの所説）

米国の社会学者、教育政策学者のマーチン・トロウ（一九二六〜二〇〇七）は、米国の高等教育の発展の歴史から、大学には三つの特徴のある時代区分があることを提唱した。

①エリートの時代——一八歳に占める高等教育への入学者一五％までの時代で、日本では一九六四（昭和三九）年までである。社会の指導者的立場の人材、テクノクラートの育成。大学数、学生数が少ない時代であった。

②マスの時代——高等教育の発展期で、進学率五〇％までの時代。日本では二〇〇四（平成一六）年に、進学率が五〇％を超えた。普通高等教育と言われるように、専門家、中間管理職を育成し、社会の中間層を形成。

③ユニバーサル・アクセス時代——現在はこの時代であり、いくつかの特徴が指摘されている。現実の日本の大学で起きていることが指摘されているので驚くことが多い。以下述べる特徴は、同氏の著書からまとめたものである。

・高等教育は万人に開かれ、各自の選択で進学する機会がある。大学は社会に開かれている。
・多数の人を育て、学生の年齢層が広がり成人学生や、職業経験者の再入学者が増加。
・教育課程（カリキュラム）が、学問を段階的に、たとえば経済学であれば入門—原論—各論（経済政策、経済史、景気循環論など）の学習順序が崩壊する。

・教育方法と手段が、通信、TV、PC、教育機器などの活用で、広範な地域で学べるようになる。
・ニーズに応えて、高等教育機関の多様性が生まれる。
・高等教育機関の規模が拡大し、多くの学生を受け入れることで、学問共同体の意識が薄れ、大学への帰属意識が消滅する。
・大学は特別の存在ではなく、社会と一体化している。
・大学の経営は、経営専門職が担う（日本では遅れている）。

2　国の文教政策

（1）「我が国の高等教育の将来像」中央教育審議会答申（二〇〇五〔平成一七〕年）

国の文教政策は、文部科学大臣の諮問を受けて中央教育審議会が答申を行い、その必要に応じて法令化され、実施に移される。中央教育審議会（中教審）は多数の審議会のうち最高の位置を占め、最も基本的で重要な事項を取り扱っている。

その中心の主張は、わが国では人々の知的活動・創造力が最大の資源であり、高等教育の危機は社会の危機に直結しているとして、高等教育の多様な機能と個性、特色の明確化が求められる。そのうえで「新しい知識、情報、技術が政治、経済、文化をはじめ社会のあらゆる領域での活動の基盤として飛躍的に重要性を増す」「知識基盤社会」と定義した。

そして、七つの分野での活動が大学の個性を示すものとした。

①世界的研究・教育拠点
②高度専門職業人養成
③幅広い職業人養成
④総合的教養教育
⑤特定の専門分野（芸術、体育等）の教育・研究
⑥地域の生涯学習の機会の拠点
⑦社会貢献機能（地域貢献、産学官連携等）

この七つのどの分野に特化するかが各大学に問われている。

（2）「学士課程教育の構築に向けて」中央教育審議会答申（二〇〇八〔平成二〇〕年一二月）

この答申は、教育の内容に及ぶきわめて重要な答申である。

［学士と学士課程教育］

従来、学士課程教育は、一般的に「学部教育」などといった「組織」に着目した呼び方がされてきた。

しかし、知識基盤社会においては、新たな知の創造と活用を通じ、わが国の社会や人類の将来の発展に貢献する人材を育成することが必要である。そのためには、「〇〇学部卒業」ではなく、国際的通用性のある大学教育の課程の終了を示す「学士」が、その学位に相応しい知識・能力を習得したかが重要な意味を帯びる。学位は、そのような知識・能力の証明として大学が付与するものであることが国際的にも共通理解となっており、その学位を与える課程（プログラム）に着目して整理し直したものが、学士課程教育の答申になったものである。

⑴質の維持・向上をはかる――教育内容・方法、学修の評価を通じた質の管理が緩いの

で、その改革をはかる。
(2)学生数の維持・拡大――質の維持・向上との、やや二律背反的な課題の克服の方途。
(3)教学経営の三つの方針を明示し、各大学での実行を期待する。
「学位授与の方針」　ディプロマ・ポリシー
「教育課程編成・実施の方針」　カリキュラム・ポリシー
「入学者受け入れの方針」　アドミッション・ポリシー
(4)教職員の共通理解による教育実践――職能開発・能力伸張
自立的な知的共同体の形成・強化。
この前提になるのは、各大学の「理念・目標」「建学の精神」に基づく独自性の尊重、大学の自治の堅持である。自主的に各大学が改革を実施することを期待している。

［学士課程教育の方針］
(1)「何を教えるか」よりも「何ができるようになるか」
①基本的な知識を獲得する。知識の活用能力・創造性、生涯学習の基礎的な能力。
②知識、能力の証明である学位の透明性、同等性の要請。

日本の学士が、いかなる能力を証明するものかとの国内外からの問いへの答え。
③個人の学習や訓練の履歴、知識・能力等を証明するシステムの必要性。
④産業界から、職業人としての基礎能力の育成の期待。
企業は即戦力を望んでいるか?→むしろ汎用性のある基礎的能力の持ち主への期待。

⑵教育課程の編成と実施

各大学の自主性、自立性の尊重。

大学の基本的役割――「高い教養と専門的能力を培う」(教育基本法　第七条)

①基礎教育、共通教育、専門基礎教育、専門教育などの教育課程の編成・実施。
②到達すべき学習成果は、課外活動を含めた教育活動のなかで培うもの。
③「かねて我が国の学士課程の教育課程については、科目内容・配列に関して個々の教員の意向が優先され、必ずしも学生の視点に立った学習の系統性や順次性などが配慮されていない、あるいは、学生の達成すべき成果として目指すものが組織として不明確である、などの課題が指摘されてきた」
専攻分野の学習を通して、いかに学習成果を獲得させるかの観点に立つ。

(3)単位制度の実質化（略）

(4)成績評価（略）

(5)入学者の受け入れ方針（略）

※大学職員の職能開発についての答申は、巻末「付録」2（一七二頁～）に抜粋掲載した。

（3）「大学教育の分野別質保証の在り方について」日本学術会議（二〇一〇〔平成二二〕年）

日本学術会議が、中教審の「学士課程教育の構築に向けて」の答申の内容充実のためにまとめた報告である。三部に分かれている。

［第一部　分野別の質保証の枠組みについて］

文部科学省からの依頼を受け、中央教育審議会の答申の「各専攻分野を通じて培う学士力」の質保証を、実際の教育課程に対応させるために、分野別に検討することにした。
［第二部　学士課程の教養教育の在り方について］
学士課程教育において、専門教育と教養教育、それぞれの教育理念とのバランスを配慮した学習目標を定めて、それを実現するカリキュラムの編成。
［第三部　大学と職業との接続の在り方について］
「大学と職業との接続の在り方」を改善する。大学教育の職業的意義を向上させ、社会がそれを適切に評価すること。

- 多様な局面での能力の発展をはかる。
- 職業上の専門性を認める労働市場の編成。
- 大学のキャリアガイダンスの在り方。

［第一部　分野別の質保証の枠組みについて］
(1)内容
学生に何を身に付けさせるか？→専門分野の教育という側面からの回答。

「・大学教育の多様性を損なわず、教育課程編成に係る各大学の自主性・自律性が尊重される枠組みを維持すること
・学生の立場から、将来職業人として、あるいは市民として生きてゆくための基礎・基本となる、真に意義あるものをしっかり身に付けられることが意図されていること
・各学問分野に固有の特性に対する本質的な理解を基盤とし、それに根差した教育の内容が明示されること」

［分野別の教育課程編成上の参考基準］
①各学問分野に固有の特性
②すべての学生が身に付けるべき基本的な素養
③学習方法及び学習成果の評価方法に関する基本的な考え方

［学士力の具体的内容（四つの柱）］
①知識・理解

②汎用的技能
③態度・志向性
④総合的な学習経験と創造的思考力
教育・研究の自由を、創造的な学術の営みとして最大限尊重しつつも、なお「現在の日本の大学を取り巻く諸状況に鑑みれば、教育内容の質の保証を、専ら教員の『暗黙知』にのみ委ねておくことは最早困難になっているということも、また認めざるを得ないであろう」。

［なぜ分野別の質保証なのか］

「学士力」→日本の学士が、いかなる能力を証明するものであるのか。

学士の学位を有するすべての者に共有されるべき、普遍的な意味を持つものを涵養。

「各分野の教育における最低限の共通性」の確保。

「学士力」が求められる普遍性と、各分野に固有の特性との双方を踏まえつつ、専門分野の教育という側面から一定の基準となるものを提示する。教育課程編成上の参考基準。

［中教審答申の指摘する諸問題］

•学部・学科の縦割りの教学経営が、学生本位の教育活動の展開を妨げている。

•専攻分野の学習を通して、いかに学生が、学習成果を獲得できるかの観点に立つ。

•教員の研究活動重視、大学院教育（専門教育）重視→基礎教育・共通教育軽視。

•教育課程で教員の意向が優先して、学生の視点に立った学習の系統性・順次性に配慮が足りない。

•専門分野の細かな知識を徒に数多く列記することから、将来にわたって活用できる基礎、基本を教えることへの転換。

［日本学術会議が果たすべき役割］
「新たに構築される分野別の質保証枠組みの基本的な役割は、最も中核的な意味において、すべての学生が基本的に身に付けるべきことを固定し、これを『教育課程編成上の参照基準』として各大学に提供することであると考える」
文部科学省、中央教育審議会でなく、なぜ日本学術会議が提案するのか。
「これは、大学教育の内容面に対する国の関与の謙抑ということから適切な判断であった。政治的な独立性を有し、また、人文・社会科学と自然科学の全分野を包摂している日本学術会議であればこそ、その検討を適切に引き受け得ると考える」

今後専門分野の質保証の枠組みが提供されることになる。

(4)「新たな未来を築くための大学教育の質的転換に向けて~生涯学び続け、主体的に考える力を育成する大学へ~」中央教育審議会答申(二〇一二〔平成二四〕年)

①大学の役割と今回の答申の趣旨

グローバル化、情報化、少子高齢化の進展により社会が急激に変化し、社会も個人も将来の予測が困難になった。大学への期待が高まり「有為な人材の育成、未来を担う学術研究の発展」への期待がある。

〈未来の形成に寄与し、社会をリードする大学〉

大学教育改革——次代を生き抜く力を学生が確実に身につける。

学士課程教育の質的転換に取り組む。

②検討の基本的視点
〈双方向の意見交換や客観的なデータ重視の視点〉

〈初等中等教育から高等教育にかけて能力をいかに育むかという視点〉
・知識や技能を活用して複雑な事柄を問題として理解し、答えのない問題に解を見出していくための批判的、合理的な思考力をはじめとする認知能力
・人間としての自らの責務を果たし、他者に配慮しながらチームワークやリーダーシップを発揮して社会的責任を担いうる、倫理的、社会的能力
・総合的かつ持続的な学習経験に基づく創造力と構想力
・想定外の困難に際して的確な判断をするための基盤となる教養、知識、経験を育むことが重要である。
次代を担う若者にこのような能力を身に付けさせるためには、組織、形式からではなく、プログラム中心、具体的成果中心の観点から学校制度全体を見直す必要がある。

〈迅速な改革の必要性〉

社会の期待は大きく「待ったなし」の課題である。

③これからの目指すべき社会像と求められる能力

〈成熟社会において求められる能力〉

人材の質の確保

④求められる学士課程教育の質的転換

〈学士課程教育の質的転換〉

受動的な教育の場から、教員と学生が意思疎通を図りつつ、一緒になって切磋琢磨し、相互に刺激を与えながら知的に成長する場を創り、学生が主体的に問題を発見し解を見出していく能動的学習（アクティブ・ラーニング）への転換。

主体的な学修を促す具体的な教育の在り方。

学生――事前準備・授業受講・事後展開の主体的な学修に要する総合学修時間の確保。

〈認識の共有の必要性〉

従来の認識を改める――「入社後の教育と実務上の経験や実践で人材を伸ばせばよい」「学生は勉強しておらず、それでも卒業後社会で十分活躍してきた」との従来の企業の共通理解に対して、大学教育の丁寧な過程を通して、どのような能力を育成し、「何を身に付け、何ができるようになったか」を採用側が問うようになってきたといわれ、変化が生まれている。

〈質的転換を目的とした学修時間の実質的な増加・確保〉

⑤学士課程教育の現状と学修時間

〈学士課程教育の課題〉

現状に満足していない国民、産業界や学生が約六割。

〈学修時間に着目する理由〉

〈減少する高校生の勉強時間〉

⑥学士課程教育の質的転換への方策

〈体系的・組織的な教育の実施〉

- 教育課程の体系化
- 組織的な教育の実施

・授業計画（シラバス）の充実——事前準備、他科目との連携
・全学的な教学マネジメントの確立

⑦質的転換に向けた更なる課題
〈大学による改革努力と課題〉
〈「プログラムとしての学士課程教育」という概念の未定着〉
〈学修支援環境の整備についての課題〉
〈高等教育と初等中等教育の接続についての課題〉
〈地域社会や企業など、社会と大学の接続についての課題〉

⑧今後の具体的な改革方策
詳細な提示　⑴速やかに取り組むことが求められる事項
　　　　　　⑵本審議会として速やかに審議を開始する事項

（5）三つの答申と一つの報告から

この三つの答申と一つの報告は、いまの日本の大学の教育についての現状認識を反映した、きわめて切実で緊迫感のある提言である。大部の資料を要旨の形でまとめたものであり、その責任は筆者にあることをお断わりする。

このなかで特徴的な指摘を簡潔にまとめてみる。

①高等教育を担う大学は、国の根幹に関わる教育、研究活動を進めており、大学の理念、目標、建学の精神によって、それぞれの大学の特色、独自性が発揮されて各大学の個性となっている。どのような大学を目指すのかを構成員や卒業生だけでなく、広く社会に示して広範なステークホルダー（第Ⅲ章注＊5参照）にも支持を得なければならない。

②大学教育の目的は、学部教育で培われる学生の基本的な知識、応用能力と創造力の実力の涵養と、生涯学び続ける学習意欲を持たせることである。

③具体的に、大学の教育改革をどのように進めるか「待ったなしの課題」であるとして、大学教育の質的な転換をはかるうえで、「教員と学生が一緒になって切磋琢磨し、相互に刺激を与えながら知的に成長する場を創り、学生が主体的に解を見出していく能動的学習（アクティブ・ラーニング）への転換」を説明して、教員の全面的な参画が、この課題の解決方法であることを示した。

従来から教員の関与の方策として、FD（Faculty Development）[*7]が示されているが、このことについて、寺崎昌男氏から教示されたことを、次項に参考として示す。

＊7　ファカルティ・ディベロップメント（FD）　教員が授業内容・方法を改善し向上させるための組織的な取り組みの総称。具体的な例としては、教員相互の授業参観の実施、授業方法についての研究会の開催、新任教員のための研修会の開催などを挙げることができる。なお、大学設置基準等においては、こうした意味でのFDの実施を各大学に求めているが、FDの定義・内容は論者によって様々であり、単に授業内容・方法の改善のための研修に限らず、広く教育の改善、さらには研究活動、社会貢献、管理運営に関わる教員団の職能開発の活動全般を指すものとしてFDの語を用いる場合もある（文部科学省「用語解説」）。

（6）寺崎昌男氏の所説（当時の記録から）

大学職員サポートセンターの行った「経営人材養成セミナー」の寺崎昌男先生の「高等教育史」講座（二〇〇九年一〇月二四日）で、筆者がＦＤについて質問しお答えをいただいた。参考に、聞き取った内容を記録として掲載する。

なお、内容についての責任は記録した筆者にある。

①ＦＤという言葉にだまされてはいけない。ＦＤという言い方は日本独自のもので、米国や他の国では通用しない。

米国では同じ内容を表して「Professional Development」といい、そのオフィスは「Teaching and Learning Center」と呼ばれている。

「faculty」は、教員・能力を意味するので、「評価」を連想して嫌われる用語である。「Development」も、すでに大学の教員はDevelopしている、あるいはDevelopしているから大学教員であると考えられており、こうしたことからＦＤの用語は使われていないのである。

（筆者注：「faculty」は、『新英和大辞典』（研究社）によれば、①能力、才能、力、②才、働き、手腕、③英―大学の分科、学部、教授団、教授会、米―教授、教職員、④医者・弁護士などの同業者団体、⑤権能、特権、宗教上の用語として特許、免許、である）

②教育技法は重要であり、たとえば板書の場合にチョークの握り方の技術を知っていれば役立つ。大学教員は教育実習も受けていないので、教育技法に習熟しなければならない。

③重要なことは、授業の目標を立てることである。この授業を受けたら、何ができるようになるかを示すことであり、学問領域でそれぞれ違いがある。何を得て欲しいか、何回も繰り返して理解させる。事柄の本質の理解である。

また授業の「順序」と「範囲」を決めることは、よい授業の条件である。Scope と Sequence である。

④カリキュラムの編成能力を高め、カリキュラム改革のための研究を援助することも重要である。

3　大学の改革の責任——教育研究活動を中心に据える

大学に対する社会の期待を反映した、中教審答申や日本学術会議の報告を見てきた。待ったなしの教学改革と、その実行を可能にする大学経営の安定——財政、人材、円滑な組織運営が求められている。

大学は「人間変革機関」として、変革された人間の形成を目指す場であるから、教育研究を活動の中心に据える。とりわけ教員層が、従来の学部・学科・研究科の枠から出て、全学的な教育研究活動の活性化を目指し、共通の水平的な討議、検討の場をつくっていくことが必要であろう。このためには学長のリーダーシップと、それを支える副学長、学部長、研究科長などのチームワークによって、教学革新の方向性を示すことから始まると考える。

「学士課程教育の構築に向けて」の答申（前節（2）〔一一九頁〜〕参照）にあるように、教学経営の三つの方針は、①学位授与の方針（ディプロマ・ポリシー）として、「日本の学士がいかなる能力を証明するものであるか」を検討して共通の認識のうえで、各大学の学位の意義を明確にできれば、自ずと次の②教育課程編成・実施の方針（カリキュラム・ポリシー）に直結する。当然この教育方針に相応しい③入学者受け入れの方針（アドミッション・ポリシー）が定まってくる。

この大変革には、教員・教授会の意識改革とあわせて、積極的に問題に対処し、検討する姿勢が求められる。相当の覚悟が必要であるが、答申と報告が指摘する困難な事情について再度関係部分を提示するので、重複する部分もあるがどの大学も同じ困難に直面し事態の打開に努力していることを理解することである。

答申では、教育課程の編成・実施の方針について、①基礎教育、共通教育、専門基礎教育、専門教育などの教育課程の編成・実施。②到達すべき学習成果は、課外活動を含めた教育活動のなかで培うもの。③かねて我が国の学士課程の教育課程については、科目内容・配列に関して個々の教員の意向が優先され、必ずしも学生の視点に立った学習の系統性や順次性などが配慮されていない、あるいは、学生の達成すべき成果として目指すものが組織として不明確である、などの課題が指摘されてきた、としている。

学術会議の報告から、

- 学部・学科の縦割りの教学経営が、学生本位の教育活動の展開を妨げている。
- 専攻分野の学習を通して、いかに学生が、学習成果を獲得できるかの観点に立つ。
- 教員の研究活動重視、大学院教育（専門教育）重視→基礎教育・共通教育軽視。
- 教育課程で教員の意向が優先して、学生の視点に立った学習の系統性・順次性に配慮が足りない。
- 専門分野の細かな知識を徒に数多く列記することから将来にわたって活用できる基礎、基本を教えることへの転換。

この教学改革の実現は困難を予想されるが、大学をあげてこの課題に取り組むことが求められている。その実現の保証は、全学一体となって推進することの共通意思であり、構成員の意識改革である。当然、法人と大学の統一した意思の形成が求められ、時に生じる対立・葛藤（コンフリクト〔第Ⅰ章注**＊2**参照〕）の克服によって、課題を解決して欲しいと願う。

強烈なリーダーシップの発揮と、集団参画型の組織運営、共通認識の形成が事態を進展させ、そのための情報提供と、トップの発信力、各自の役割分担の自覚がなければならない。つまり、各自が置かれた環境、示された方向性、課題を理解すれば、自分がいま何をなすべきか、自ずとわかるものと信じて、この問題を提起して改革を進めるのである。

筆者が十数年前に法人役員として経験したことが、この解決方法の示唆になると考え、あえて紹介する。在任した大学では、教学スタッフと法人スタッフが、毎年三泊の合宿によって、三年間の大学の運営について討議し、まとめる作業を行っていた。参加者は学長、副学長、学部長等とスタッフ、理事会は外部理事を含め全員、事務局は事務局長、部長、課長で構成される。課題はおよそ三〇前後で、あらかじめ理事長を中心に事務局でまとめた原案によって討議、検討された。三年間は理事会の任期で、最初の年に到達目標を定め、毎年合宿によって目標の達成度を計る、いわば自己点検・評価活動でもあった。

これは、毎年「施策大綱」の冊子として、評議員等を含む全構成員に配布され、各キャンパスには、この説明と意見を聞くために法人理事が出かけて、内容を理解し協力を得る機会をつくった。したがっていま何が問題なのか、共通の理解が進んだのである。

なんらかの工夫で、全学の共通意思が形成できれば、難問題も解決できると考える。

4　大学の経営改革の課題

前節では教学の改革について検討してきたが、教育研究を支える経営管理の改革もまた切実な課題である。ここでは、現在の組織運営の基盤が、情報化社会の進展のなかでどのように変化したかを検証し、その変化に対応する大学の経営管理を考えることにする。現在大学の組織は、従来の上意下達の運営では対応しきれない情報化のなかにあり、Ｐ・Ｆ・ドラッカーが指摘したように、「情報が組織を変える」ので、その部分を引用する(Harvard Buisiness Review編『ナレッジ・マネジメント』ダイヤモンド社、二〇〇〇年、一七～八頁)。

情報化組織では、これまで馴染んできた指揮命令型の組織よりも、はるかに多くの専門家が必要になる。こうした専門家は、企業の本部にではなく、各現業部門に配属されるようになる、現業組織はありとあらゆる専門家の集う組織となるのである。

大規模な情報化組織は、これまでよりも、いっそう水平型の構造となるため、現代の企業よりもむしろ、一〇〇年前の事業形態と類似したものになるだろう。しかし、当時はすべての知識は（知識というものがあったとしても）最上層のトップの人々の手中にあった。残りの人は、補助的業務の遂行か、単なる手足であり、たいていは言われたとおりに同じ業務をこなすだけだった。ところが情報化社会においては、知識は組織の最下層にあり、それぞれが異なった仕事を受け持ち自律する専門家の心の中にある。

大学教員は専門職権限を持つ専門家であり、職員も専門知識を持つ専門職であることが求められていることについて説明してきた。現場の教職員の専門的な知識・情報が、大学の最も重要で実質的な資産であり、その活用を保証することが意思決定への参画につながるのである。ここで、幾つかの課題と考え方を提示する。

（1）教職員の特性と組織開発

教員は自らの研究に全存在をかけ、研究活動は共同研究を除き個人的な営為である。教育活動で教育課程・カリキュラムの定めるところにより、他の教員や組織と関連が生じるのである。職員は、縦型の組織構造のなかで役割を与えられ、職責を果たす。組織のなかで仕事をすることが教員と異なる特質である。したがって組織の活性化、組織開発（OD：Organization Development）が重要で、職員は組織運営に習熟することによって問題を解決し、同時に個々人が自立して自らの能力と資質を伸ばすことが期待される。職員の自立と学習が、組織活動の成熟度と関連しており、職員の職能開発（SD：Staff Development）の基盤となっている。

職員にいま期待されているのは、教員の補助者ではなく、自立して自分の考えを主張できる力量を持ち、そのために大学の当面の課題と解決の方向をよく認識していることが必要である。日常よく学び、現場での幾多の経験を、どうしてこのような問題が生ずるのかを検証し解決する、その経験を理論化（ロゴス化）して蓄積していく。この蓄積が組織と職員個人の財産になって、厚みのある対応を生む契機になる。知識と経験に裏付けられた職員・組織が、理論的に説明し説得することによって、時に起こる教員や法人役員の恣意的な発想の防波堤になることが可能である。教員は、理論的な説明に従わないことはあり得ない。なぜなら論理を無視することは研究者、教員の資質が疑われるからである。

（2）組織風土の変革を目指す——意識改革

環境や時代の変化に対応するためには、組織風土の変革を目指すことである。現在の日本の大学は、多様性を追求し変化を求めている。与えられる環境情報——大学を取り巻く維持・存立に関わる情報は、不確実である。かつての大学の確実性の高い環境には、安定した組織があり、明確な情報が得られた——このような時代にはトップマネジメントが戦略を示し、トップダウンして、現場はその実行にあたるだけで、自発性、創造性、戦略的思考は必要がなかったのである。日本の大学はそういう環境のなかにいたので、組織風土も極論すれば「ぬるま湯」的な環境にいたのではないか。また、同じ大学内でも、総務、経理、学務、学生課、図書館などの個別の組織では、それぞれに組織風土——空気や雰囲気が違っており、そこに安住しているのではないか。このような個々の異質な環境のなかでも、それぞれに適合する独自の改革に手をつけていくことが求められている。現場の自発性や創造性、自己規律（セルフ・コントロール）によって変革を進めるのである。

（3）柔らかい組織を構築する

情報化社会にある大学の組織は、官僚組織のように決められた手順を厳密に守って動く組織ではない。多様性や個性を受けとめて柔らかく動く組織をつくっていくことが時代の要請である。

たとえば学生は、大学に沢山の夢や希望、ニーズを持って入学してくる。このような場合、「多様性には、多様性でしか対応できない」アシュビーの法則によって、多様な対応ができるかどうかが問われる。要望に応える個性的で画一的でない教育や、施設・設備があることが、学生に満足を与えることになる。当然担当する教職員の柔らかい頭脳と発想が必要になる。また、この改善提案を受けるトップの姿勢によって、大学の将来が決することになる。

（4）絶えざる革新

組織運営は絶えず見直しが必要である。日本では悪い意味で使われるリストラの本来の意味は、不要部分を切り捨て、常に新しい組織にするリストラクチャリングである。また仕事の手順を見直して能率向上をはかるビジネス・プロセス・リエンジニアリング（BPR）の活用や、シュンペーターの提唱した「創造的破壊」などの手法の導入で、常に新鮮な組織運営を目指すのである。

（5）衆知を結集する仕組み

いま大学では経営戦略を扱う企画室や、調査室、プロジェクトなどが設置されている。しかし、大学の将来構想・マスタープランには、全構成員が関心があり、当然に意見や要望があるので、そのエネルギーを生かすことで全員参画型組織にすることができる。

それには、業務遂行の役割りを持つライン組織も教員の委員会組織も、その時の状況判断から、戦略思考のスタッフになって議論する場にする柔軟性が求められている。

たとえば、事務の連絡機関の部課長会議も、課題を議論して提言する役割を認めれば、相当に活性化し、部課長の意欲も向上することになる。このような提案を受け入れて検討し衆知を集める仕組みをつくっていくことも効果があると考える。

どこも傷つかない調整型や、統計等を駆使して長期予測型の将来計画の作成は、流動的な環境ではよい結果を生み出さない。

置かれた環境を理解して、各自が何をなすべきかを考え、衆知を結集する。改革が自分の問題であると自覚し、そのなかに身を置けるような仕組みが必要である。

（6）フロント意識の徹底

教職員、法人役員の全員が、自分が大学を代表しているという意識を持つことで、学生や地域の住民、卒業生などのステークホルダーに信頼を得ることができる。

（7）「甘えの構造」からの脱却と「あいまいさ」に耐えること

大学はよく「甘えの構造」のなかで、教職員も法人役員も安住しているといわれてきた。確かに一般企業と比較すると、目標が数量的には示されない非営利組織の性格と、教育研究の成果が目に見える形で示されるには時間がかかるという大学の特質から、厳しく結果を問うことよりも、調和を重んじ、ややもすると甘く対応することが起こるのである。たとえば、新しい学部・学科をつくる、教育課程を一新するなどは、その成果や社会評価は数年かかるのである。想定したような結果が出ないことも往々にして起こる。また、大学の方針は設計図通りにはいかないで、環境の変化や文教政策の変更で手直しを迫られ、法人との関係や大学の他の組織からの意見による変更が起こる。

今日の組織全般に起こる不確実性、あいまいさに耐えることは、大学では日常起こることである。状況が変化して安定しない場合、安定した環境でよく考えられた戦略は無力化してしまう。

組織はその戦略の有効性を行動によって実験・実証し、周辺情報についての知識を組み入れて機能的に戦略を形成することになる。したがって、戦略の策定はトップの専有物ではなく、組織を構成する全員の相互作用のなかから生み出されるのである。このあいまいさに耐えて、地道に確認を取り、根気強い説得で事態を打開することが求められることが多いのである。

(8) 教育研究の発展・経営資源の充実の理論構築

大学の目的は教育研究を発展させ、社会貢献に努めることである。大学における研究活動の活性化によって、教育活動への反映をはかり、得られた知見を社会で活用する活動の全般を管理する「教学管理」が行われなければならない。中教審答申をはじめ、社会の要請に応え、大学内の意見、要望を反映させ実行に移す「教学管理理論」の理論的な深化が求められている。

大学の活動を支える経営資源は、「ヒト・モノ・カネ・情報」である。その資源の獲得と活用方法の習熟は、大学の存続と発展のための重要な課題である。しかし、その裏付けとなる理論はまだ十分な展開がない。現在大学の人事や財政は、担当者の長い経験から生み出した方法で処理されていることが多い。この経験則に理論的な根拠を与えるのは、経営管理の部門別の管理論——「人事管理理論」「財務管理理論」「施設・設備管理理論」「情報管理理論」等であるが、企業社会と異なり非営利組織の大学では、その理論的な解明が遅れている。経営管理論の理論的な発展をはかるとともに、この部門別の管理論も内容を充実させ、大学が現実に対処できる理論的な力量を持つことを期待している。

大学役員・現役の職員とＯＢで組織され、筆者もその一員である「特定非営利活動法人・大学職員サポートセンター」で取り組んできた研修活動や大学職員力判定試験（基礎力向上コース・実践力向上コース）では、法的基盤、経営管理、財務管理、人事管理の講義を行い、理解力を含む職員力の判定を行っている。筆者もその一端を担っている。これらの経験が生かされて、近い将来に管理の各論を世に問うて欲しいと願っている。

最後に、大学の経営管理について、ここまで述べてきたことを七項目の提言にまとめ、厳しい環境のなかで奮闘している教職員、法人役員、読者の皆さんにエールを贈ることにする。

一、大学の学問共同体を理解できる見識を持ち、教育研究の意味がわかること
二、大学全体を理解し、総合的に判断しうる能力と資質
三、教育研究を発展させる豊かな想像力と企画力、さらに計画を実現させる実行力
四、国際化、情報化に向けて必要な知識と技術の習得
五、減量経営、効率化、コスト意識を持った経営の専門家
六、学生への愛情と、全構成員に人間として信頼され、意欲を持続できること
七、自らの課題を持ち、経験の蓄積とともに、継続して学び研修を怠らないこと

付録

1　経営管理入門

経営管理の基礎となる理論は、大学も企業体も異なるところはない。いままで述べてきた大学の特性を理解したうえで、経営管理論の入門的な知識を述べることにする。

(1) 経営・管理・組織

経営の概念は、企業・大学における諸活動の実体的内容を問題とする機能的な捉え方である。経営とは資源の諸要素（ヒト、モノ、カネ、情報）を結合し、これを具体的な活動に転化し、組織化する。その活動が現状と矛盾なく変化に適応していて、将来の発展の戦略を構築する可能性があることである。管理は決められた活動の方針に基づく決定を具体化するための指揮・監督的な機能として理解する。

組織活動は、一般的には個人ではできない場合に生まれる。「二人以上の人の意識的に調整された活動、諸力のシステム」（C・I・バーナード）といわれる。

（2）組織活動の展開

C・I・バーナードの説明する公式組織の諸活動を、一寸木俊昭教授が図式化している（次頁図8）。ここに表示される順序に沿って説明することにする。

組織が成立するためには、組織に参加する人々に「共通目的」があって、その目的実現のために力を傾注しようとする「貢献意欲」の持ち主が求められる。そのうえで構成員の全てに十分な意思疎通が行われる「伝達」、すなわちコミュニケーション・情報が組織の神経として具備されていなければならない。この「共通目的」「伝達」「貢献意欲」の三つが公式組織成立の三要素であり、それぞれについて以下説明する。

①組織目的

大学にとって、それぞれの大学の独自性の表現である「建学の精神」や「大学の目標」の実現をはかるための組織活動を行うことが組織の目的である。組織の構成員に受容される共通目的は、その大学の教育研究の維持発展である。直接に教育と研究に従事する教員、教員集団が中心である。その活動を補佐する役割を担う職員組織として教務、学務関係の

図8　バーナードの公式組織の要素、組織有効性、組織能率

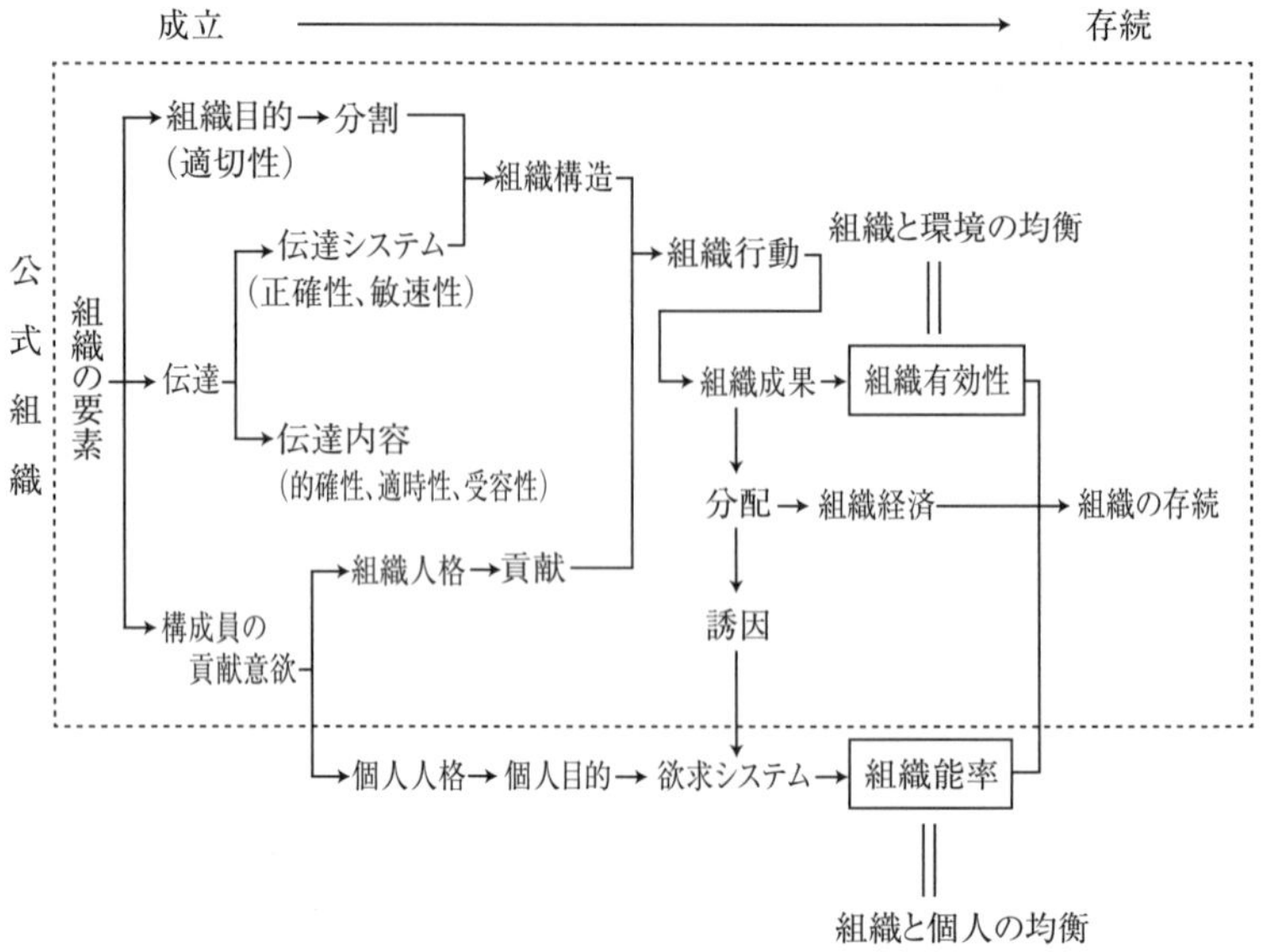

一寸木俊昭編『現代の経営組織――その構造とダイナミズム』有斐閣、1983年をもとに作成

業務、学生の修学・課外活動・就職関係の業務、学問研究の資料・書籍・情報の提供に関する業務等を担当し直接的に教育研究に関わるライン組織がある。

それらの業務の円滑な活動が行われるように総務、人事、財務、施設・設備等の管理業務の役割を担うスタッフ組織がある。大学の設立と経営の責任を担う法人組織も含めて、教育組織、職員組織が組織の目的実現のために協力・協働することが期待されている。

②伝達（コミュニケーション）

組織にとって必要な情報をうまく伝達させるために、伝達のルートを組織内に構築しなければならない。トップからの指示・命令や、上位者への報告、分割された組織間の連絡などの伝達のシステムは正確で敏速でなければならない。またその情報の内容は目的に適っているか（的確性）、よいタイミングで提供されているか、いま求めていない情報を提供されても組織と構成員に迷惑である（適時性）、そしてその情報が構成員に受け入れられなければ、なんの役にも立たないので、切実に求められている情報を提供し構成員に受け入れられるか（受容性）が必須である。[*8]

＊8　コミュニケーションの諸相

下降的コミュニケーション――指示・命令、トップダウン（上司から部下）

上昇的コミュニケーション――報告、ボトムアップ（部下から上司）

水平的コミュニケーション――連絡・ミーティング（同僚間など）

斜めのコミュニケーション――他の組織との協議（他係・課・部との間）

③構成員の貢献意欲

大学の教育研究の発展のために組織の一員として貢献しようとする教職員が役割認識を持つことは、大学の組織運営の重要な要素となる。組織の維持発展のために果たすべき自らの役割を確認して実践することが具体的な貢献意欲である。このような組織人格の持ち主であっても、私生活が当然あり、安定し充実した個人の暮らし、家族との豊かな暮らしを実現しようと願っており、そのために組織に所属し働き、その報酬や福利厚生制度によって個人生活が満足できるように活動するのである。この個人人格を満足させるための欲求システム（マズローの欲求五段階説[*9]もその一つ）は、組織活動を活性化させる要因である。

以上、組織の三つの要素について説明してきたが、図に示す次の段階に説明を進めることにする。

④組織構造

組織目的を実現するために、組織目的を課題ごとに分割し、分業と分権により組織を部課制などで編成する。当然トップから現場に至る伝達機能と一体化した組織構造を策定する。その際、指示・命令・報告・連絡・情報提供のコミュニケーションのネットワークが、組織の神経として組織と一体化する。C・I・バーナードは、組織論をつきつめていけば、コミュニケーションが中心的な地位を占めることになる。なぜならその構造、範囲、および領域は、ほとんど全体的なコミュニケーションの技術によって決定されるからである、と述べている。組織の分割・分権と伝達のシステムが結合して、初めて組織構造が決定し活動することができる。

※参考文献：C・I・バーナード〔飯野春樹監訳〕『組織と管理』文眞堂、一九九〇年
C・I・バーナード〔矢野宏ほか訳〕『経営者の役割』ダイヤモンド社、一九五七年など

＊9 A・マズローの欲求五段階説

人間の欲求の満足化行動――最低限の欲求から、最高限の欲求の実現を目指す。

最低限の欲求　生理的（空気・水・食物・庇護・睡眠・性）欲求
　安全・安定（身体・財産・職業）欲求
　愛・集団所属（人に愛され、人を愛する、仲間をつくる）欲求
　自尊心・他者による尊厳（自由・独立と他人からの承認）欲求
↓
最高限の欲求　自己実現（自分が他の誰でもない自分であることの確認）欲求

（フランク・ゴーブル〔小口忠彦監訳〕『マズローの心理学』産業能率大学出版部、一九七二年をもとに作成）

⑤組織行動

組織構造と伝達システムの結合で、どのような内容の情報が提示されるか、また意欲的な人が参画してくるかで組織行動が具体的に動き出すのである。その組織行動の成果として、営利を目的とする企業では生産高や売上高、利潤率などの主として数量的な評価が示されるが、非営利組織の大学では教育研究の社会的な評価を反映した入学志願者数や入学者数などによる収支の安定などの質的な評価となって示されるのである。非営利組織である大学の組織行動を律し、組織の成果を獲得する過程は、最も重要な検討課題であり、自己点検・評価から相互評価、第三者評価に積極的に取り組まなければならない。

⑥組織有効性――組織目的の達成度

構成員は共通目的の実現のために協働して組織行動を行うが、その組織目的が適切であるか、目的実現の度合いを環境状況との関連で見ることを「組織有効性」という。組織の観点から環境と均衡しているかを知る評価である。大学にとっての諸活動は、直接的な関係の法人役員・教職員・学生のみでなく、広く大学を取り巻く卒業生、関係ある地域社会、企業等のステークホルダー（第Ⅲ章注＊5参照）の支援を受けており、ここでいう「均衡」

とは、そうした関係者にも大学の存在価値（レーゾンデートル）が認められ、受容されていることを意味する。この概念は近代組織論のC・I・バーナードが、「組織能率」と一対のものとして提示している。

⑦分配――組織経済

組織の成果は⑤で説明したが、その成果は組織の維持発展のための資本増加や、設備投資の原資と、構成員への賃金や福利厚生のための費用支出に分かれることになる。組織の健全な維持発展のためには、この分配が適切に行われることが条件になる。

⑧組織能率

構成員が組織の目的実現のために働く場合（組織人格）、当然組織は構成員に賃金や福利厚生などの保証を与え、また構成員が社会的な評価や欲求の充足が得られるようにする（個人人格）。

この組織人格と個人人格が矛盾なく共存できることが望ましい。組織に所属することで個人生活が無視されたり、犠牲を強いられるような関係であってはならない。この健全な均衡が重要な組織存続の要素となる。組織能率、組織有効性はバーナードに特有な概念であり、要は組織（企業・大学等）と社会の関係が共存共栄のバランスの取れた関係か、組織を構成する人々が組織に疎外されることなく働いていけるかが問われ、均衡が求められていることになる。

以上述べたことは図式の説明であるが、このことを島田恒教授は『非営利組織研究――その本質と管理』（文眞堂、二〇〇三年）で次のように述べている。

「管理とは、協働体系を維持発展させる専門的な機能である。バーナードに従うならば、組織の目的を規定し、実現のための意思決定を行い、伝達のシステムを提供し、貢献意欲を喚起して適切な活動を抽出して調和をもたらし有効性と能率を確保することである。そこには合目的的合理ばかりでなく、協働体系に参加する個人の人格特性への価値的配慮が包含されている。全体制と個人との調和が予定されている」（一八二頁）

⑨非公式組織

組織目的の実現のために形成される公式組織について述べてきたが、人が集まって組織をつくる以上、人間関係（ＨＲ：Human Relations）によって生ずる自然で私的なゆるやかな組織が、公式組織の陰に形成される。この非公式組織の存在を解明したのは、一九二七〜一九三二年のホーソン実験であることはよく知られている。

公式組織は「能率の論理」「費用の論理」が支配するが、組織運営を円滑に進めるためには、陰の組織である非公式組織の「感情の論理」による人間関係を無視できない。大学において、この非公式組織が公式組織に影響を与えていることに留意すべきである。

⑩組織風土

組織を考えるうえで欠かせないのは、それぞれの組織に特有な組織風土の存在であり、各構成員と相互の人間関係に一定の心理的な影響を与える「環境」と考えられている。その組織風土は形成されると変えていくことは至難のことであり、雰囲気とか空気といわれるように、その組織特有の文化とまでいわれる。構成員はその風土に溶け込まないと仲間と融和できないことになり、組織活動の制約になる。ややもすると、組織は現状に安住しようとするが、それを風土として認めるのではなくて、常に創造的破壊の観点を貫ける組織風土の形成を目指す。

（3）伝統的な経営管理の原則

ヒト、モノ、カネ、情報などの経営資源を活用する管理活動は、全体的な経営管理の統括のもとで行われている。人事管理、財務管理、労務管理、資産管理、施設設備管理、情報管理などの各分野がそれである。この諸々の管理活動の共通の原則は、経営に関与してきた長い経験から導き出されたもので、一九六〇年代伝統的な管理原則（組織原則）としてまとめたのは管理過程学派である。しかし経営問題の解決にはいくつかの方法があり、どの場合にも適応する唯一の管理原則は存在しない。同学派のH・フェイヨルは「管理原則に絶対的なものはない」と述べているが、要は基本的な組織活動を律する普遍妥当な考え方に導く一つの方途であると考える。現在の大学経営は未熟な側面も多く、組織運営に習熟するためにこの原則を学ぶ重要性は言うまでもない。この伝統的な管理原則に近代組織論を対置するH・A・サイモンの批判を、高松和幸は次のようにまとめている。

「①管理諸原則は、二律背反的な性格を持つものが多い。②意味があいまいであり、オペレーショナルな有効性を持たない。③管理に関する統一的な概念の設定を欠いている。④その経験的な妥当性を検証することができない」（高松和幸『経営組織論の展開』創成社、二〇〇九年、一〇頁）。以降、原則説明のなかで紹介する。

①権限の委譲

権限とは「人に命じて仕事をさせる力」のことであり、一人の管理者の効率的な掌握範囲は限られるため、持っている権限を部下に委譲し分権化する。複雑多様な業務が展開される場合に、一定の業務範囲について権限を委譲し分権化を進め、委譲された部下は成果が達成されるように期待に応えることが求められる。

当然その目標達成のために、「自由裁量権」をどのように認めるかを決めなければならない。

②権限・責任の対応（均等）の原則

責任は権限の行使の必然的な結果であって、一対であり均等でなければならない。一定の権限委譲は自由裁量権を与えることを意味するが、同時にその業務について執行責任を負わせている。

③命令一元の原則（命令系統の統一の原則）

部下はただ一人の上司からしか命令を受けないというもので、部下の責任感は大きくなる。しかし、ファンクショナルな組織では命令は多元であるし、専門知識を求められる組織では専門家による情報提供や指示が行われることが起こり、この原則に反することになる。大学は専門職的権限を有する教員・教員集団があり、加えて私立大学では法人と大学の二重構造の特質があって、統一的に命令が行えないことが生じる。またこの原則は「専門化の原則」と二律背反となる。すなわち専門的な知識を持つ専門家（スタッフ）による指示命令は、ライン上の下位者にとって二方面から命令を受けることになるからである。

④指揮の統一の原則（目的の原則）

同一目的を持つ一連の活動には、一人の上司と一つの計画が必要である。

⑤統制範囲の原則

管理者が、部下の目標達成を支持、援助、指導できる範囲として四～五人の部下を持つのが統制上の限界であるとしてきた。組織の人数が増加すれば階層（部課等）は増え、上司と部下の情報交換の関係も幾何級数的に増大する。人間の能力から部下の数は四〜五人が最高限度であり、組織の能率は向上するとしているが、科学的に実証はされていない。

この原則に対して、P・F・ドラッカーは一人の上司が部下たちに指示・援助・指導できる範囲の人数であれば、その数は限定されないとして組織の事情によるとしている。

⑥階層の原則（スカラーの原則）
組織の人数と統制範囲の広狭、伝達機能によって階層の数は増減する。

トップから最下位の各担当者まで権限のラインが明示されていれば、責任ある意思決定や効率的なコミュニケーションが行いやすくなる。組織人数が多数になれば統制範囲の原則によって階層は増加し、上から下への命令と、下から上への報告の伝達が長い経路を必要とし、効率を妨げる要因となる。この管理段階（階層）の数を最小にする（フラット・オーガニゼーション、水平型組織）ことによって組織能率が向上する。したがってこの二つの原則は二律背反的な関係になる。

⑦専門化、職能分化の原則

職能別の専門化と、権限の分散化による分業によって、各人は職務の遂行に必要な専門的な知識と技能が与えられて、組織の自然な秩序が形成され、能率が向上する。しかしこの原則には、どの専門化が能率向上に資するかの科学的な基準がないのが現状である。

⑧例外の原則

日常の定められた手続きによって業務が行われている事項、日常的業務や標準的な手続きによるものは部下に委任し、管理者は前例のない事項・問題に専念する。積極的に余裕をつくり、より重要な政策立案や将来構想など戦略思考に注力すべきである。

(4) 意思決定

大学における意思決定は、一般企業と異なり複雑多様な関連のなかから行うことになり、大学の法的な基盤や法人と大学の二重構造の特質を理解したうえで判断することになる。ここでは原論としての説明に止める。

①意思決定

いくつかの案から一つを選択する意思決定は計画の核心である。

そのための諸活動——情報収集・調査活動

・目的の明確化・情報収集、周辺環境と調和のとれる代替手段の列挙——設計活動

・いくつかの案から、最上の手段を選び出す選択活動

②積極的意思決定・消極的意思決定

何事かなそうとして、あるいはしないことを決定する。

意思決定しないことも重要な意思決定。

③意思決定前提

前記のいくつかの条件や情報がインプットされて意思決定するのであるが、環境と組織内部の要因、周辺の条件、集団と構成員の意識、決定者の資質などが検討材料となる。

事実前提——意思決定の結果があらかじめ検証可能な前提があり、決定の合理性を主張

できる。主に大学では経営面の決定で、教育条件改善の財政支出の可否に代表される。

価値前提――意思決定の結果について価値判断が前提で、評価が分かれる可能性があるうえに、目標に合致し接近しているか客観的に証明できない。教育研究発展のための意思決定はこの性質を持っている。

④戦略的決定と戦術的決定

戦略的決定――企業者的決定、全般的な状況判断に基づく決定（トップの役割）

戦術的決定――管理的決定、執行のための日常的な業務的決定（部課・現場）

（5）経営管理過程（マネジメント・プロセス）

一般的に経営管理のサイクルは、計画―実行―点検（P―D―S）、または計画―実行―評価―改善（P―D―C―A）で示されている。

相互に連結し、時間的な経過を前提として、無限のマネジメント・サイクル、循環運動

図9　経営活動の諸部面

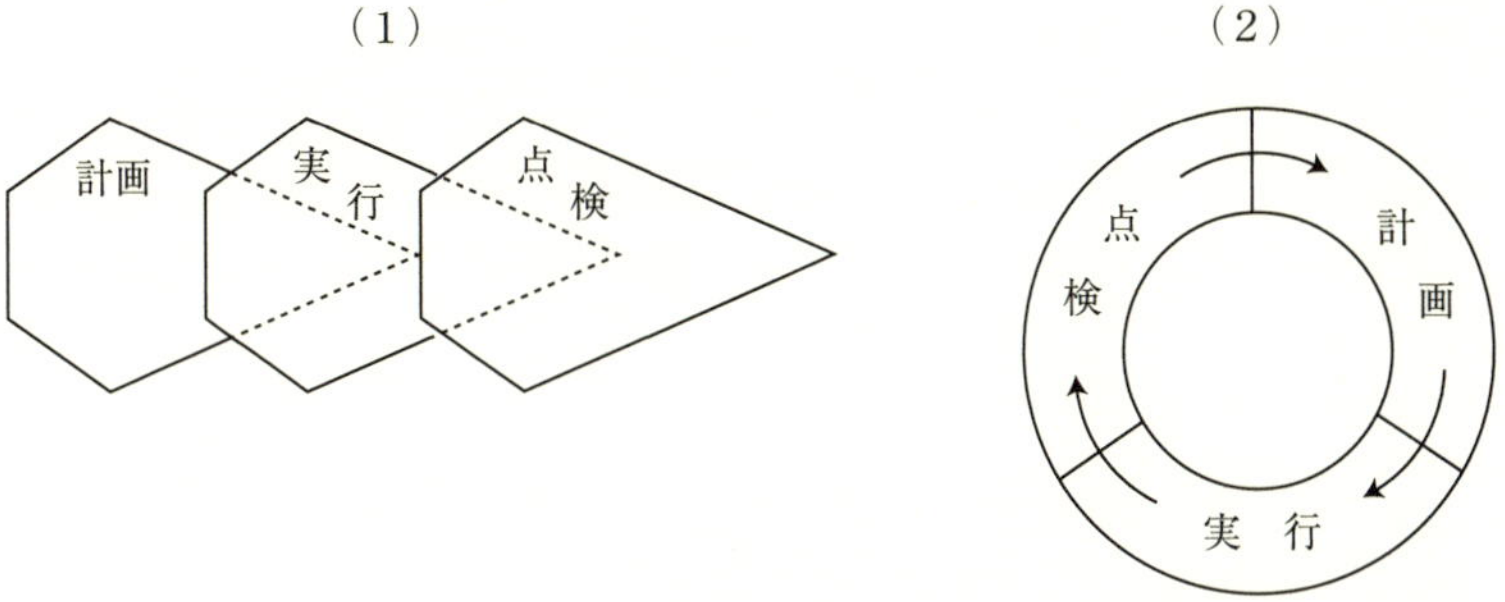

A・ブラウン（阿部隆一訳編）『経営組織』日本生産性本部、1963年をもとに作成

を行うのである。一つの過程が終わって次の過程に進むのではなく、各過程それぞれが他の過程と関連しあっているのでフィードバックのメカニズムが内蔵されているといってよい。たとえば実行段階で問題が生じた場合、計画や組織化の段階に原因がないか点検し、是正する処置をとる。このことを、A・ブラウンの「経営活動の諸部面」の図で示した（図9）。このフィードバックは、最終の評価・点検で機能するものではなく、各段階で問題を発見したら、すぐその原因を作り出した前段階にフィードバックし、原因を発見し是正するのである。

理解を深めるために言えば、計画―実行―点検は頭―手―眼の働きである。

このマネジメント・プロセスについて、L・F・アーウィックは、計画―組織―指揮―調整―統制とい

表4　マネジメント・プロセスの展開

	計　画	実　行	点　検
トップ・マネジメント（理事長）（学長）（常務理事）	①戦略に基づく最高方針の設定、全学の経営計画	②方針の実行（指揮・命令）＝担当者の選定・割り当て	⑨部門計画の統制による、現場作業の最高方針の効果点検
ミドル・マネジメント（部長）（課長等担当者）	③部門計画の策定＝全般計画の執行（最高方針の部門への具体化）	④部門計画の実行（指揮・命令）係長・主任の分担指示	⑧現場の作業計画と実施の統制（予算による統制）
ロアー・マネジメント（主任）（係長）（監督）	⑤作業計画の策定＝部門計画の執行（部門計画の現場での具体化）	⑥作業計画の実行（指揮・命令）＝作業者に仕事をさせる	⑦現場作業の直接的統制・監督（原価による統制）

植村省三『経営学の根本問題』雄渾社、p.161を参考に作成

い、H・フェイヨルは、予期―組織―命令―調整―統制と考えている。後者について詳しく見てみよう。

①予測に基づいて各種の計画を立てる。「経営することは予測である」

②人と物（施設設備と原材料）を配置し組織をつくる。

③命令を発して人々に仕事をさせる（喜んで仕事に取り組むよう仕向ける）。

④計画・仕事を調整して、円滑に運営する。

⑤計画通りの組織活動が展開できるようにコントロールする。

具体的に、計画―実行―点検（統

制）と組織の各階層との関係を考えてみると、マネジメント・プロセスは**表4**の①「戦略に基づく最高方針の設定、全学の経営計画」から始まって、②以降順次進行する。この表の⑨「最高方針の効果点検」まで、通常は一挙に進行するのではなくて、どの段階でも不都合や不適格が生じた場合、前の過程を点検して補正したり、極端な場合には進行を中止することも起こる。大事な局面でストップして問題点を指摘し、フィードバックすることも、それぞれの担当者の勇気を求められる役割である。厳しい是正処置を執行し、責任を明確にすることは現在の大学の組織風土に馴染まないが、今後の方向であることは明らかである。

2　大学職員の職能開発について「学士課程教育の構築に向けて」

中央教育審議会答申（二〇〇八〔平成二〇〕年一二月二四日）―抜粋―

(1) 現状と課題

①職能開発の重要性

（ア）大学職員は、大学の管理運営に携わる、また、教員の教育研究活動を支援するなど、重要な役割を担っている。職員の学内での位置付け、職員と教員の関係については、国公立・私立それぞれに状況が違うが、大学経営をめぐる課題が高度化・複雑化する中、職員の職能開発（SD：Staff Development）はますます重要となってきている。

大学職員に関しては、教員一人当たりの職員数が低下していく傾向にある中（図表三―七～三―八略）、個々の大学職員の質を高める必要性が一層大きくなっている。

職員の間でも、大学院での学習を含め、自己啓発の重要性への意識が高まり、学会や職能団体の発足など、職能開発の推進に向けた気運が醸成されつつある（図表三―九略）。

（イ）高度化・複雑化する課題に対応していく職員として一般的に求められる資質・能力には、例えば、コミュニケーション能力、戦略的な企画能力やマネジメント能力、複数の業務領域での知見（総務、財務、人事、企画、教務、研究、社会連携、生涯学習など）、大学問題に関する基礎的な知識・理解などが挙げられる。

加えて、新たな職員業務として需要が生じてきているものとしては、インストラクショナル・デザイナーといった教育方法の改革の実践を支える人材が挙げられる。また、研究コーディネーター、学生生活支援ソーシャルワーカー、大学の諸活動に関する調査データを収集・分析し、経営を支援する職員といった多様な職種が考えられる。国際交流を重視する大学であれば、留学生受入れ等に関する専門性のある職員も必要となろう。

これらの業務には、学術的な経歴や素養が求められるものもあり、教員と職員という従来の区分にとらわれない組織体制の在り方を検討していくことも重要である。

（ウ）さらに、財務や教務などの伝統的な業務領域においても、期待される内容・水準は大きく変化しつつある。それぞれの大学において、新旧様々な業務について、職員に求められる能力とは何かを分析し、明確にしていくことが求められる。

②職員の職能開発の実質化と充実

（ア）専門性を備えた大学職員や、管理運営に携わる上級職員を養成するには、各大学が学内外におけるＳＤの場や機会の充実に努めることが必要である。

職員に求められる業務の高度化・複雑化に伴い、大学院等で専門的教育を受けた職員が相当程度いることが、職員と教員とが協働して実りある大学改革を実行する上で必要条件になってくる（図表三―十略）。

（イ）なお、教職員の協働関係の確立という観点からは、ＦＤ（Faculty Development〔第Ⅶ章注＊**7**参照〕）やＳＤの場や機会を峻別する必要はなく、目的に応じて柔軟な取組をしていくことが望まれる。

（2）改革の方向

（ア）以上により、ＳＤの推進に向けた環境整備が、重要な政策課題の一つとして位置付けられるべき時機にある。

教員と職員との協働関係を一層強化するため、ＳＤを推進して専門性の向上を図り、教育・経営など様々な面で、その積極的な参画をはかっていくべきである。
（イ）ただし、我が国の大学をめぐっては、教育研究活動を支援する人材の量的な不足という問題があることにも留意する必要がある（図表三―十一略）。職員の質・量それぞれの課題について適切な対応をしなければ、大学改革を推進していく上での隘路となるおそれがある。

おわりに

わたしが後半生に追求した大学の「経営管理」を、ようやくまとめることができた。戦中、戦後の厳しい環境のなかで、育ててくれた父母に本書を捧げる。

わたしが大学に職を得たのは、戦後一五年の頃で、旧大倉高商が新制大学に転じて一〇年後のことであった。教職員も学生も貧しく、校舎は貧弱であったが、学ぶ意欲は横溢していた。学生時代の恩師、渡辺輝雄先生から生涯研究すること、自らの尊厳のためには戦うことを辞さないという先生自らの生き方を教えられた。

大学で職員の仕事をしながら、日本私立大学連盟の管理職研修の委員の仕事に一三年間携わった。その運営委員会で委員長の澤田進氏から教えられることが多かった。また公私にわたって世話になり、近年鬼籍に入られた佐藤進氏や、尼子卓司氏、高橋邦彦氏など多数の人との交わりで沢山のことを学んだ。この間の勉強がこの本を基礎になっている。連盟加盟大学の管理職百数十名が、草津などで四泊五日の講義と討議によって資質の向上をはかった。最後の三年間はわたしが委員長を務めた。当時の熱気は、自分たちが大学の将来を担うという思いからであり、大学がマス時代からユニバーサル時代への転換点に差し掛っていたこととの反映でもあった。

東京経済大学を定年退職後に、芝浦工業大学の常務理事となり、すぐれた経営者の石川洋美理事長のもとで、大学の経営管理を第一線で学ぶ機会が与えられた。その後武蔵野美術大学の理事に転じ、ここでは法人と大学の関係を学ぶことができた。本庄幹也氏と木村修三氏にお世話になった。

三つの大学を経験したところで、七五歳に達していた。これからは大学職員の能力の向上をはかり、社会に恩返しをしようと考えていたところ、法政大学を退任された和田實一氏とはかって、非営利活動法人（ＮＰＯ）「大学職員サポートセンター」を設立することができた。多くの人の参画と協力によって、今年幸いに一〇周年を迎えることになる。

和田氏には事務局長の重責を担っていただいたが、大学基準協会の事務局長に転じて、在職中病で逝去された。わたしが初代の理事長に就任し、二代は澤田進氏、事務局長は辻野史朗氏にご苦労をお願いした。

鬼籍に入られた芝浦工業大学からの畏友石渡朝男氏と短大協会からの杉田均氏など、多くのお力添えのお陰と感謝している。

いま、遠井郁雄氏が理事長、小野塚文雄氏が事務局長で、理事の井原徹、早乙女徹、西井康彦、千葉秀悦の各氏が研修の講義をされ、一緒に学んでいる。

この本は、いままで『私学経営』などの雑誌や、学会誌に掲載したものに手を加え、新たに四つの章を書き加えた。その際、資料提供などで小野塚文雄氏のご助力をいただき、感謝している。

ぜひ多くの皆さんの忌憚のないご批判をいただきたいと願っている。また、大学ではSDの展開が期待されており、その一助になれば望外の喜びである。

厳しい出版事情のなかで、出版を引き受けてくださった論創社社長の森下紀夫氏と、編集に力を尽くされた永井佳乃さんに厚くお礼を申しあげる。

わたくしは、友人に恵まれ、旧制中・高校の同期の仲間や大学の後輩との会合、ゼミの先輩・後輩や、社会に出て最初に教えた中学の教え子との小旅行を楽しんでいる。良き友であった萩原久利さん、佐藤惣三さん、曽根春海さん、井川清さんをはじめ、逝ってしまった友への思いは尽きない。

最後になったが、幾つかの病気を克服して今日にいたったのは、妻知子の支えがあったからであり、深く感謝している。

小日向 允

二〇一七年六月

❖執筆者紹介

小日向允（おびなた・まこと）

1932年新潟県生まれ。1950年新潟県立高田高等学校卒業、55年東京経済大学経済学部卒業、同年郷里において中・高教諭。1959年学校法人東京経済大学に就職、各役職を歴任。1997年定年退職。1997年6月学校法人芝浦工業大学常務理事、2003年4月役員任期により退任。同年学校法人武蔵野美術大学理事、2007年役員任期で退任。同年特定非営利活動法人大学職員サポートセンターを設立、理事長に就任、現在同法人理事。1992年産能短期大学非常勤講師（経営組織、経営学総論）、2002年定年退職。

社会活動―社団法人日本私立大学連盟管理職研修運営委員会委員・委員長（13年間）。社団法人日本私立大学連盟経営対策委員会委員（2002年度）。日本高等教育学会所属。

大学の経営管理
原論の試み

二〇一七年八月　九日　初版第一刷印刷
二〇一七年八月一四日　初版第一刷発行

著　　者　小日向允
発 行 者　森下紀夫
発 行 所　論創社
〒一〇一-〇〇五一
東京都千代田区神田神保町二-二三　北井ビル
電　話〇三-三二六四-五二五四
FAX〇三-三二六四-五二三二
web. http://www.ronso.co.jp/
振替口座　〇〇一六〇-一-一五五二六六

編集・装幀　永井佳乃
印刷・製本　中央精版印刷
組　　版　フレックスアート

ISBN978-4-8460-1634-0